西安交通大学人文社会科学学术著作出版基金资助
中央高校基本科研业务费专项资金资助
（Supported by“the Fundamental Research Funds for the Central Universities”）

民间金融对我国金融体系稳定性的影响研究

An study on the effect of private finance on the stability of China's financial system

宋林 著

西安交通大学出版社
XI'AN JIAOTONG UNIVERSITY PRESS
国家一级出版社
全国百佳图书出版单位

图书在版编目(CIP)数据

民间金融对我国金融体系稳定性的影响研究 / 宋林著. — 西安 ：西安交通大学出版社，2022.5
ISBN 978-7-5693-2562-1

Ⅰ. ①民… Ⅱ. ①宋… Ⅲ. ①民间经济团体-金融机构-影响-金融体系-研究-中国 Ⅳ. ①F832.1

中国版本图书馆 CIP 数据核字(2022)第 054959 号

书　　名 民间金融对我国金融体系稳定性的影响研究
MINJIAN JINRONG DUI WOGUO JINRONG TIXI WENDINGXING DE YINGXIANG YANJIU
著　　者 宋　林
责任编辑 史菲菲
责任校对 王建洪
装帧设计 伍　胜

出版发行 西安交通大学出版社
(西安市兴庆南路 1 号　邮政编码 710048)
网　　址 http://www.xjtupress.com
电　　话 (029)82668357　82667874(市场营销中心)
(029)82668315(总编办)
传　　真 (029)82668280
印　　刷 河北正德印务有限公司

开　　本 720mm×1000mm　1/16　**印张** 10.5　**字数** 177 千字
版次印次 2022 年 5 月第 1 版　2022 年 5 月第 1 次印刷
书　　号 ISBN 978-7-5693-2562-1
定　　价 68.00 元

如发现印装质量问题，请与本社市场营销中心联系。
订购热线：(029)82665248　(029)82667874
投稿热线：(029)82665379
读者信箱：xj_rwjg@126.com

前 言

我国民间金融是伴随着民营经济的发展迅速发展起来的。当民营企业难以在正规金融机构获取贷款时，市场就必然催生大量的民间借贷和非正规渠道的融资，即民间金融。民间金融的信贷活动有效缓解了民营经济特别是中小企业的融资困境，对我国民营经济快速健康发展起着举足轻重的作用。但由于民间金融游离于正规金融领域之外、缺乏有效的监管、隐蔽性较高等自身特点，决定了其容易引发金融风险，给参与人和当地经济金融系统乃至社会稳定带来很大负面影响。党的十九大明确提出要加强监管，防范化解系统性金融风险，守住不发生系统性金融风险的底线。

本书聚焦于民间金融对金融体系稳定性的影响研究，在对民间金融与金融体系稳定性的现有研究进行述评的基础上，构建民间金融对金融体系稳定性影响效应的理论分析框架，分析民间金融对金融体系稳定性影响的作用机理，利用中介效应模型、门限面板模型等方法实证检验民间金融对金融体系稳定性影响的作用渠道以及异质性，提出中国发展民间金融与促进金融体系稳定性的政策建议。

本书总共包含八章，其中第 1 章为绪论，第 2 章为文献综述，第 3 章为民间金融对金融体系稳定性影响效应的理论分析，第 4 章为民间金融与金融体系稳定性的特征事实，第 5、6、7 章为实证分析部分，第 8 章为结论与政策建议。各章具体内容安排如下。

第 1 章为绪论。本章主要包括研究背景、研究意义、民间金融和金融体系稳定性概念界定、主要研究内容，以及研究思路与技术研究路线。

第 2 章为文献综述。本章就民间金融、金融体系稳定性以及民间金融对金融体系稳定性影响效应三部分展开文献述评，分别归纳总结了民间金融和金融稳定的相关国内外文献，并对文献进行了综合评述。在总结民间金融的文献时进行了具体分析，将文献分为民间金融的发展、规模测算以及对金融稳定的影响等不同部分进行梳理，深入梳理出民间金融与金融体系稳定性关系的研究空白。

第 3 章为民间金融对金融体系稳定性影响效应的理论分析框架。首先，基于经典理论，对于民间金融对金融体系稳定性影响效应问题进行了系统深入分析；其次，研究民间金融对金融体系稳定性的影响效应，主要包括民间金融对金融体系稳定性的正向影响效应以及负向影响效应，并重点分析民间金融对金融体系稳定性影响效应的传导机制；最后，提出本书的理论研究假设。

第 4 章为民间金融与金融体系稳定性的特征事实。本章结合本书的研究内容以及实际情况，梳理了民间金融发展以及金融体系稳定性的特征事实，在研究了相关文献的基础上，确定了民间金融规模和金融体系稳定性指标的测算方法，并应用测算方法测算了民间金融规模以及金融体系稳定指数，特别是应用主成分指标合成法对我国 2006—2018 年金融体系稳定性综合指数进行测度，同时对民间金融规模与金融体系稳定性指数进行了简单探索性分析。

第 5 章为民间金融对金融体系稳定性的空间溢出效应研究。在之前的理论分析和数据测算的基础上，本书选用空间面板数据模型对我国民间金融对金融体系稳定性的影响效应进行实证分析。首先，根据具体应用进行了模型设定与相关变量选取；其次，对相关数据进行了探索性空间数据分析，而后进行了莫兰指数检验以及空间效应诊断；最后，采用空间邻近、地理距离和社会经济距离矩阵三种方法对民间金融对金融体系稳定性的空间溢出效应进行空间计量分析，深度研究空间溢出效应问题。

第 6 章为民间金融对金融体系稳定性影响效应的作用路径研究。首先，选用中介效应模型对民间金融对金融体系稳定性影响效应作用路径的存在性进行分析；其次，考虑到不同时段的差异性，本书按照时间段进行划分，分析民间金融对金融体系稳定性影响效应作用路径的时间异质性；最后，考虑到不同区域的差异性，按照空间进行划分，将全国分成东部、中部以及西部三个子样本，分别对三个子样本进行分析，深入分析民间金融对金融体系稳定性影响效应作用路径的空间异质性。

第7章为民间金融对金融体系稳定性影响的门限效应研究。本章采用门限动态面板数据模型对民间金融与区域金融稳定性之间的关系进行门限异质性分析，具体地，将民间金融发展水平、时间、正规金融发展水平、人均地区生产总值、市场化指数等五个变量分别作为门限变量分析民间金融对金融体系稳定性影响效应的门限异质性，以全方位、多视角地研究民间金融对金融体系稳定性影响效应的门限异质性；同时，将民间金融的二次项纳入方程，实证分析民间金融对金融体系稳定性影响效应的适度规模问题。

第8章为结论与政策建议。本章在梳理本书的主要研究结论的基础上，提出相应针对性的对策建议。

著　者

2022年2月

目 录

第1章 绪 论

1.1 研究背景及研究意义

1.1.1 研究背景

自改革开放以来，中国经济发展十分迅速，国内生产总值(GDP)在2020年突破100万亿元，相比于2001年初刚加入世界贸易组织(WTO)时增长了九倍多，相比于改革开放前更是增长了超过二百倍。作为中国经济发展的重要推动者和受益者，民营企业在市场经济改革的背景下如雨后春笋般出现，到如今茁壮发展，已经成为我国经济的重要组成部分。然而，相比于传统的大型国有企业，民营中小企业有其固有的缺陷，如经营周期短、担保物和抵押物缺乏等，因此很难像国有企业那样在正规的融资渠道获得所需要的资金，经常面临着融资难等问题。这种金融需求大于供给的先天矛盾必然会使非正规金融活动产生，以满足大量民营企业的融资需求，这类处于正规金融体系之外的金融活动即是民间金融。民间金融亦被称为非正规金融，是指个人和企业等组织在没有国家监管的非正规的金融市场或渠道进行金融交易的活动。传统的民间金融形式主要有私人借贷、钱庄、合会和民间集资借贷等，在互联网高速发展的今天，民间金融又有了新的形式，如网络借贷、网络集资等。

民间金融是对我国正规金融的有效补充，其迅速发展有利于满足企业发展的资金需求，对我国的经济发展，尤其是民营经济的发展起到了重要的推动作用。但是民间金融游离于正规金融领域之外，隐蔽性较高，规模较难估计，且缺乏有效的监管及相适应的法律法规，因此民间金融自身所蕴含的风险问题值得关注。实际上，民间金融的生存环境和自身特征决定其容易引发风险。首先，民间金融是正式制度供给之外的产物，其出身与发展环境就决定着其独有的隐蔽性、非正式的特点，运行过程处于监管范围之外，专门针对民间金融的风险监控征信系统、法律制度体系以及信用体系都尚未建立，因此民间金融自身风险先天高于正规金融，同时，民间金融资金供求经常出现“期限错配、结构失调”现象，其潜在风险较大；其次，民间金融由于信息不对称缺乏对借款人强有力的约束机制，借款人可以通过隐瞒和操纵资产负债信息从而加剧道德风险；最后，民间金融的约束机制与正规金融不同，它主要受道德规范与乡规民俗等民间信用影响，硬约束不强，且民间金融支持的对象是民营中小企业和农户家庭等群体，更容易产生金融风险。

事实上，民间金融活动不仅对宏观经济的政策调控效果造成负面影响，而且民间金融市场也存在诸如非法集资、合同纠纷等很多乱象，无疑对金融体系稳定乃至社会稳定产生影响效应。特别是近年来，我国经济增速放缓，流动性趋紧，企业经营效益下滑，容易出现资金链条断裂，引起风险事件，例如在招财宝平台发行 10 亿元债券后违约的侨兴债事件，e 租宝、钱宝网等多起涉案百亿的非法集资案，还有 P2P 理财、网络金融诈骗等金融风险事件。同时，民间金融的风险暴露问题也引起学术界的高度关注，如安强身、胡金焱和姜占英[1]研究发现，民间金融依托互联网的发展会加剧金融资本脱实向虚，使民间金融风险管控的难度更大。而民间金融市场与正规金融市场之间存在交叉与联系，民间金融产生的风险很有可能会传导蔓延至正规金融体系中，对金融体系稳定产生较大的负面影响。

金融体系稳定性表示了金融体系运行的一种状态，即金融体系能够保持平稳有效的运行，金融机构稳健运营，金融市场能够发挥资金媒介的功能，整个金融业也不发生大的波动，保持稳定运行。党的十八大以来，国家越来越重视对金融风险的防范，指出要维护金融体系的稳定以及防范系统性、区域性金融风险，尤其要防范“灰犀牛事件”和“明斯基时刻”。2018 年 7 月，中共中央政治局会议明确强调国家宏观层面的“六稳”，其中一稳就是“稳金融”，并强调平稳发展成为考量经济走势的重要标杆，明确了要坚持稳中求进的工作总基调，因此该会议为我国未来的经济发展走向提供了指导。同年，中国人民银行发布的《中国金融稳定报告 2018》指出，在过去的五年中(2013—2017 年)，网贷行业的贷款额度快速增长，对企业及个人的贷款年均复合增长率达到了 159%，并且部分居民也通过典当行或民间借贷从非正规渠道进行融资，反映出民间借贷在这一时期的飞速增长；报告同时指出，互联网征信缺失且不考虑还款能力的过分参与的民间借贷，极有可能会由于无法偿还而产生风险。2019 年全国两会期间，中国银行保险监督管理委员会主席郭树清也表示，未来必须时时刻刻高度重视防范金融风险，再次明确保持金融体系稳定是金融管理部门最重要也是最核心的职责，必须把金融风险防范工作做好，金融只有在稳定的前提下才能进一步开放与发展。2020 年党的十九届五中全会提出加快构建以国内大循环为主体、国内国际双循环相互促进的新发展格局，而确保金融体系稳定是构建新发展格局的重要组成部分。

综上可知，随着我国民间金融的快速发展、规模不断增大，民间金融的风险显现出来且存在集中爆发迹象，对金融秩序和金融体系稳定造成了一定的负面影响。与此同时，构建新发展格局需要国家更重视金融体系的稳定性与安全性，把防风险放在第一位，尤其要防止系统性金融风险的发生。因此，在此背景下，厘清民间金融与金融体系稳定性的历史演变与发展趋势，探究民间金融对金融体系稳定性影响效应的传导渠道，并深度分析民间金融对金融体系稳定性影响效应的异质性问题，对科学地认知民间金融对金融体系稳定性的影响效应具有非常重要的理论价值，对于制定相关民间金融与金融体系稳定性发展的制度政策具有较高的实践指导价值。

1.1.2　研究意义

1. 理论意义

目前，国内外学者对民间金融以及金融体系稳定性都进行了很多研究，但对于民间金融对金融体系稳定性影响效应异质性的针对性定量研究较少。一方面，对民间金融的研究主要聚焦于我国民间金融发展情形、民间金融对经济发展的影响、民间金融的法律和制度分析以及民间金融的风险及其传导机理；对于金融体系稳定的研究大多集中在金融体系稳定与宏观经济变量之间的关系，比如货币政策与通货膨胀等。另一方面，关于民间金融与金融体系稳定性之间的关系，有部分学者以鄂尔多斯和温州等地区为例，研究该区域发生的民间金融风险事件对金融稳定的影响，而就全国层面直接对民间金融和金融稳定进行实证研究的较少，也较少关注民间金融对金融体系稳定性影响效应的传导机制，以及该影响效应的异质性问题。

本书将基于全国层面从理论上廓清民间金融对金融体系稳定性影响效应的传导机理，并对民间金融对金融体系稳定性影响效应进行理论刻画；同时，本书将重点测度省际层面民间金融规模，构建金融体系稳定性指标体系，测度金融体系稳定性综合指数，并采用空间计量方法分析民间金融对金融体系稳定性的空间溢出效应，应用中介效应模型、动态面板数据模型、门限面板模型重点实证分析民间金融对金融体系稳定性影响效应的作用渠道以及时空异质性。上述研究无疑填补了现有研究的缺陷，丰富了现有相关理论，有力拓展了民间金融对金融体系稳定性影响效应的深度和广度。

2. 现实意义

近年来，我国的民间金融取得了快速的发展，为广大民营中小企业和个体经营者提供了有效的金融支持，为我国民营经济的发展做出了重要的贡献。但是近几年，民间金融在高回报的诱惑下，常常会脱离实体经济进行循环逐利活动，企业崩盘倒闭，损失惨重，极易引发区域系统性风险。有些民间借贷活动脱离实业而从事虚拟经济及脱离产业的“钱赚钱”的循环套利活动，业务盲目扩张并且大量投资在某些高回报行业的风险也日益集中。借贷利率高企以及循环套利使得民间金融流动性风险事件时有发生。民间借贷行为在短期内迅速放大，容易发生风险的连锁效应，成为系统性风险的导火索。目前民间金融规模扩大、循环套利及民间金融市场特殊性决定了其具有高杠杆性、易传染性和内在脆弱性，一旦风险暴露，风险就存在向其他部门渗透和传染的可能性。如果事态不能有效控制，影响面和破坏力就会更大。例如，鄂尔多斯房地产资金链断裂引发的民间金融风险暴露案例；温州的民间借贷也由来已久，但由于缺少转型方向和缺乏监管等问题，也催生了高利贷泡沫，“欠债跑路”事件频发。在互联网快速发展的背景下，网络信贷、网络集资的“跑路事件”也时有发生。

总而言之，近年来民间金融风险事件不断出现，违规集资和高利贷现象增多，影响面、传染性扩大存在引起区域系统性风险的可能性。然而，当前学术界学者对民间金融对金融体系稳定性的影响效应缺乏系统深入的研究，相关的制度建设也处于探讨阶段。与此同时，政府相关部门也致力于以防风险和保证金融稳定为中心，坚决防止系统性金融风险的发生的战略部署。因此，本书揭示民间金融对金融体系稳定性影响效应的传导机制，科学识别该影响效应的异质性，并以此提出了科学有效的民间金融与金融体系稳定性的保障策略及具体的操作性强的实施对策，对新时代我国加强民间金融风险防控以及金融体系稳定性具有重要的实践指导价值。

1.2 相关概念界定

1.2.1 民间金融的概念界定

在国外,并没有民间金融一说,国外学者通常称之为非正规金融(informal finance),其与正规金融(formal finance)相对应。民间金融是中国学者惯用的概念说法。其实,非正规金融与民间金融在概念上并没有本质区别,只是非正规金融的说法主要存在于国外学术界,而我国学术界更多是民间金融之说,但是国内外学术界对于民间金融的概念的认识存在不一致性。如国外学者 Mckinnon 和 Shaw[2-3]认为民间金融是需求引致而产生的,即市场对于融资的需求是可以流动的,当正规金融无法满足市场的融资需求时,这种需求就会转向民间金融部门。Franklin Allen、Qian Meijun、Xie Jing[4]将民间金融定义为在资金供给者和需求者之间发生的不包含正规金融中介参与的融资活动,其形式主要包括贸易信贷、私人借贷、典当行、社区银行等。Ghosh、Kumar[5]认为民间金融是一个集合性的概念,其包含所有在正式金融制度之外的金融机构和金融服务组织,包括民间借贷、典当行以及轮转互助基金等形式。Passas Nikos、Hsu Sara、Li Jianjun[6]将民间金融定义为在央行调控之外的所有金融活动,即被中央银行承认的就是正规金融,而其余不被中央银行认可的就是民间金融。Straub[7]认为由于民间金融不同于正规金融,其自身就有信息方面的优势,相对于正规金融能更好地满足民营中小企业金融需求,促进经济特别是民营经济发展。Anderson 和 Baland[8]通过研究后认为只要是该经济部门没有被当局进行监控,那么其所参与的金融活动就是民间金融。Johansen 和 Sornette[9]认为由于存在着金融抑制的现象以及国家对于银行信贷的配给,有限的金融资源更多地为大型企业和国家扶持的领域提供资金支持,因此许多中小企业尤其是民营企业就难以从正规金融渠道中获取发展所需的资金,民间金融就只能是它们的资金来源渠道。

国内学者对民间金融的产生原因存在不同观点。如姜旭朝和丁昌锋[10]认为二元金融结构是民间金融产生的主要原因,特别是在发展中国家,经济发展相对比较迅速,而正规金融发展速度赶不上经济发展速度,从而金融供给出现不足,因而民间金融就产生了,形成二元金融结构。林毅夫和孙希芳[11]认为民间金融就是监管部门监督范围以外不受约束的金融活动，也就是民间金融产生于监管范围之外。凌峻岭[12]认为民间金融的融资活动与正规金融有着本质的不同，其主要发生在民营经济或民间个人主体间，参与者之间发生的融资活动在正规金融监管体系之外，这些活动应该属于民间金融的范畴，其实民间金融及正规金融的区别就在于相关金融机构是否被政府许可。郑耀群和周新生[13]认为民间金融机构就是经营权是非国有的、经过国家监管部门批准设立的各种金融组织和实体。但是民间金融机构并不只包括在监管部门登记注册的，还有许多未被监管部门监测的组织，如我国存在的合会、私人钱庄、合作基金会等。此时的民间金融的概念也包含了在官方的监控之外进行金融交易的机构和组织。高发[14]将民间金融定义为未在工商税务机关进行注册登记，却参与金融业运作和进行资金融通等业务的个人或组织。

综上可见，学术界对于“民间金融”没有一个统一的概念，很多学者都对它进行了定义。总体上看，学术界对于民间金融概念的界定主要有四种。第一种定义是从所有制的角度出发来界定。姜旭朝和丁昌锋[10]认为民间金融的资金来自民间，应用于民间经济，主要应用于民营经济，解决民营经济的融资难问题。第二种定义则是从法律角度出发来界定，认为没有在工商管理部门注册的金融机构，所有政府管理范围之外的金融活动就是民间金融。高发[14]认为没有在工商管理部门注册登记的金融机构，如民间借贷、民间集资、合会、地下钱庄等都是民间金融机构。第三种定义是从金融监管的角度出发来界定。江曙霞和秦国楼[15]、陈蓉[16]认为金融监管部门监管范畴之外的非正规金融活动，即为民间金融。第四种定义是从金融服务供给主体的角度对民间金融进行定义。温铁军[17]从业务层面提出民间金融是非国有银行或民营金融机构的金融服务业务活动总和。结合我国的实际以及本书的研究主题，本书将民间金融界定为：民间金融是自发产生在国家正规金融机构信用体系之外，游离于金融监管体系之外，从事合法性的金融借贷的行为或机构的集合。

1.2.2 金融体系稳定性的概念界定

目前，学术界对金融体系稳定性的概念界定并不一致。如 Kakes 等认为金融稳定就是银行等金融机构可以对稀缺的金融资源进行高效、合理的配置。为了实现金融系统的稳定，各个金融机构应事先做到充足的风险防范，在事中要有充分的准备以应对市场风险的冲击[18]。Crockett 和 Hausmann 等认为外部经济环境发生剧烈变动时，银行要尽量避免“挤兑”现象的发生，关键是要稳住市场参与者的信心和预期[19-20]。Schinasi认为金融体系的稳定离不开平稳增长的宏观经济，二者是相辅相成的[21]。欧洲中央银行前行长Duisenberg提出金融稳定的表现不能只限定在支付体系的安全运行上，还体现在金融体系的各个组成部分能够切实履行职能[22]。可见，学术界普遍认为金融稳定是一种能够有效应对外部冲击的理想状态。当外部市场环境发生变动、金融机构全面调整以及行业内部竞争加剧时，金融体系仍然能够高效地进行资源配置，保障支付体系的平稳高效运转，同时尽可能地分散风险。还有学者进行了进一步研究，Souza、Silva、Tabak从影响金融稳定的要素出发对金融稳定进行定义，他们认为金融稳定离不开稳定的货币供给、宏观经济与自然就业率的协调、金融市场的平稳运行、价格波动不会对货币稳定产生强烈冲击这四个要素[23]。金融发展水平较高的国家通常能更加有效地应对金融危机。Kobayashi认为金融体系处于不稳定状态时，其资金融通的功能难以得到有效发挥，无法切实满足实体经济的融资需求，不利于金融体系的正常运转[24]。Duisenberg认为，金融体系的稳定性反映在其三个重要组成部分中，分别为金融市场、金融机构和金融基础设施。当这三个部分能够积极配合时，才能有效应对市场的冲击。金融机构要能充分发挥资金高效配置的功能，在时间和空间上实现资金配置最优化；同时，监管部门要完善风险控制体系，成立专门的部门事先发现风险、对风险进行有效评估并能提出有效方案控制金融体系的波动[22]。Ferguson认为金融不稳定有三种突出表现：第一，金融稳定受非理性投资行为的影响，当权重较大的金融资产的价格严重偏离经济基本面或者与之出现背离的趋势；第二，金融机构的信贷资产难以高效合理地配置，活跃的实体经济无法得到资金的有效支持；第三，市场资金与生产力的发展方向和需求不一致。这三种表现都会对金融稳定产生严重的冲击[25]。欧洲中央银行Padoa-Schioppa认为金融体系的稳定是一种能力，即金融机构在受到市场冲击时能够及时做出反应，仍然能够将资金有效地在市场上进行配置，银行的存贷款转化机制、交易结算体系等主要职能不会发生背离；也认为金融稳定离不开资源的高效配置、金融机构职能的充分发挥以及最大化的风险分散。要实现内部与外部的双重稳定，内部要首先做到风险处于可控范围之内；面对外部市场环境的波动，要具备抵挡外部冲击的能力[26]。2005年发布的《中国金融稳定报告2005》是我国货币当局首次发行的关于金融稳定的研究报告。该报告指出，金融体系稳定其实就是金融体系系统稳定运行的一种状态。金融稳定离不开宏观经济的稳定增长,金融机构的良好运转,金融市场的小幅度波动,国家财政与货币政策效力的充分发挥。长期以来,我国在风险管控层面投入的精力较少。党的十九大提出,决胜全面建成小康社会,必须打赢三大攻坚战,其中一项重要内容是防范化解重大风险。打好防范化解重大风险攻坚战,重点是防控金融风险。打赢金融风险攻坚战,将强化风险防控体系和发展多元的风险控制手段提上了新高度。整个金融体系要具备良好的分散风险能力,努力做好事前、事中、事后的部署,制订多层次、多情境下的应急处置预案,减少金融市场的波动幅度。刘生福、韩雍认为当金融体系处于稳定状态时,金融体系和金融机构能够正常运转,金融行业才能有效地抵御风险的冲击,积极防范风险和化解风险[27]。陈雨露、马勇和阮卓阳认为金融体系可以对金融资源进行高效的配置,同时也是防范风险、应对风险的重要渠道。为了使金融体系的功能得到充分发挥,各个组成部分能够更好地履行职能,提升整个金融系统的协调性,就需要建立相应的制度框架。他们同时认为金融体系的稳定性与金融周期之间有较强的相关性。当金融周期进入膨胀过热期或者萎缩衰退期时,维持金融体系稳定的难度就会加大,而当金融周期处于中间水平即波动水平较为和缓时,金融稳定更易实现,更能发挥积极的作用[28]。刘婵婵认为我国的商业银行顺周期时扩张较快,信贷规模不断扩张,反而加剧了经济周期的波动,不利于金融体系保持稳定[29]。

可见,学术界关于金融体系稳定的概念表述主要有两种:第一种是从金融体系稳定性的特征出发,认为金融体系稳定性其实是指金融稳定运行的一种状态,当外部发生负面的冲击时,金融体系可以有效应对冲击,保持金融体系稳定性,确保金融体系各项职能的顺利发挥;第二种则从金融体系稳定的反面出发,规定金融体系的不稳定性,认为金融体系的功能就是金融资源的有效配置,若受到外部不利冲击,金融体系无法发挥其功能,则是金融体系的不稳定状态。鉴于我国实际以及研究主题需要,本书对于金融体系稳定性的概念的界定,主要参考《中国金融稳定报告 2005》对金融体系稳定性的界定,即金融体系稳定性是金融体系能够发挥金融资源有效配置作用,金融机构能够进行基本职能发挥以及相关金融风险有效管理,宏观经济政策(主要是货币政策与财政政策)能够有效调控以及金融生态环境持续优化完善的一种状态。

1.3　研究思路与研究方法

1.3.1　研究思路

本书沿着“提出问题—分析问题—解决问题”的一般逻辑思路有序展开。在梳理研究背景以及国内外现有有关民间金融与金融体系稳定性研究文献的基础上，提出本书的研究主题“民间金融对金融体系稳定性的影响效应研究”。分析问题部分是本书的重点内容，主要包括理论分析与实证分析。理论分析部分主要是对民间金融对金融体系稳定性的影响效应进行了理论诠释与分析，着重剖析了民间金融对金融体系稳定性的正负向影响效应以及传导机制，并对两者关系进行了理论刻画；实证分析部分则首先重点测度了省际层面民间金融规模，构建了金融体系稳定性指标体系，测度了金融体系稳定性综合指数，在此基础上，结合现有实际数据，采用空间计量方法分析民间金融对金融体系稳定性的空间溢出效应，然后应用中介效应模型、动态面板数据模型、门限面板模型重点实证分析了民间金融对金融体系稳定性影响效应的作用渠道以及时空异质性。解决问题部分，主要是在上述研究结论的基础上，针对性地提出我国民间金融与金融体系稳定性发展的有关政策建议。

1.3.2　研究方法

本书采用的研究方法有很多种，主要包括文献研究法、理论分析和实证分析相结合法、比较分析法、计量分析法等。在具体研究进程中，本书对民间金融规模的测算用到了间接测算法，对金融体系稳定性的测度采用了指标合成的主成分分析法，主要的工具方法为空间计量分析法、动态面板模型、中介效应模型、门限面板模型等。数据来源为区域金融运行报告、国家统计局、各地区的统计年鉴及经济与社会发展统计公报、Wind数据库等，数据时间段为2006—2018年。

第一，文献研究法。文献研究法是一种比较传统的研究方法，历史比较悠久，但比较具有生命力，至今还是一种比较通用的研究方法。它主要是指基于现有研究文献，通过整理、分类以及加工分析形成对所研究问题的科学全面认知的方法。一般情况，要对所研究的问题提出一定的研究目标，通过对现有相关文献梳理与整理归纳分析从而实现所研究问题的研究目标。就本书而言，主要围绕民间金融与金融体系稳定性关系方面的研究文献进行了搜集整理，同时加以系统分类分析，按照逻辑方法具体将各类文献分别罗列分类，在文献研究中全面阐述分析和研究了民间金融、金融体系稳定性以及民间金融对金融体系稳定性影响效应的相关文献，并梳理出了现有研究的薄弱环节或还需深入的领域，从而搜寻到本书研究主题的理论价值所在。

第二，理论分析和实证分析相结合法。理论分析和实证分析相结合法其实就是理论和实践相结合的方法。理论一般是指事物发展的共同的本质规律性，而实际中的事物是千差万别的，都存在自身特有的个性。因此可以说实践是丰富的，而理论是灰色的，理论必须来自实践而高于实践，同时理论也必须随着实践变化而有所变化地应用于实践，用形象化、科学化的理论观点方法去研究具体事物情况，然后再从事物发展中完善规律性，作为未来行动的向导，这在本书中得到了大量的运用。本书在构建民间金融对金融体系稳定性影响效应的理论分析框架基础上，从经典理论视角深入分析了民间金融对金融体系稳定性的影响效应，并深度分析了民间金融对金融体系稳定性影响效应的传导机理，选用动态面板模型、中介效应模型以及门限面板数据模型对 2006—2018 年民间金融对金融体系稳定性影响效应进行实证分析，验证民间金融对金融体系稳定性影响效应的空间不一致性、时间不一致性以及门限异质性，并在研究结论的基础上，提出相关政策建议。

第三，计量分析法。该方法是运用统计计量方法对所考察变量之间的相关关系进行量化实证分析的方法。本书采用的方法多为面板数据模型方法，但在具体应用上又呈现出不同方法，如在分析民间金融对金融体系稳定性的空间溢出性时采用了空间计量分析法，采用中介效应面板数据模型实证分析了民间金融对金融体系稳定性影响效应的作用渠道以及其时空异质性，运用门限动态面板数据模型方法实证检验了我国民间金融对金融体系稳定性的门限异质性影响。

第四，比较分析法。比较分析法其实就是对比分析法，它是指通过比较不同事物属性、发展以及状态，寻求其同中之异或异中之同的研究方法。通过按时间段划分分析民间金融对金融体系稳定性影响效应，以证实民间金融对金融体系稳定性影响效应的时间异质性；将全国各省区市划分为东部、中部以及西部三个子样本，实证分析民间金融对金融体系稳定性影响效应的区域差异性，验证民间金融对金融体系稳定性影响效应的空间异质性；同时，以时间、民间金融发展水平、正规金融发展水平、人均地区生产总值、市场化指数等多个门限变量应用门限面板数据模型实证分析民间金融对金融体系稳定性影响效应的门限异质性，从而从理论到实证更进一步地探析研究民间金融对金融体系稳定性影响效应问题。

1.4 本书内容与技术路线

1.4.1 本书内容

本书主要由八章组成。第1章是绪论，提出了本书的研究问题、概念界定、研究思路、技术路线以及研究方法等；第2章为文献综述，围绕民间金融与金融体系稳定性的关系进行了文献梳理并述评；第3章为民间金融对金融体系稳定性影响效应的理论分析；第4章为民间金融与金融体系稳定性发展的特征事实及测度；第5章实证分析了我国民间金融对金融体系稳定性的空间溢出效应；第6章是民间金融对金融体系稳定性影响效应的作用路径研究，实证检验了民间金融对金融体系稳定性影响的时间、空间等多维度的异质性，为确立民间金融与金融体系稳定性的关系奠定了经验基础；第7章是民间金融对金融体系稳定性影响的门限效应研究，重点分析了民间金融发展水平、时间、正规金融发展水平、人均地区生产总值、市场化指数等多个门限变量下的民间金融对金融体系稳定性影响效应的门限异质性；第8章为结论与政策建议。本书各章的研究内容具体如下。

第1章为绪论。本章主要包括研究背景、研究意义、民间金融和金融体系稳定性概念界定、主要研究内容，以及研究思路与技术研究路线。

第2章为文献综述。本章就民间金融、金融体系稳定性以及民间金融对金融体系稳定性影响效应三部分展开文献述评，分别归纳总结了民间金融和金融稳定的相关国内外文献，并对文献进行了综合评述。在总结民间金融的文献时进行了具体分析，将文献分为民间金融的发展、规模测算以及对金融稳定的影响等不同部分进行梳理，深入梳理出民间金融与金融体系稳定性关系的研究空白。

第3章为民间金融对金融体系稳定性影响效应的理论分析框架。首先，基于经典理论，对于民间金融对金融体系稳定性影响效应问题进行了系统深入分析；其次，研究民间金融对金融体系稳定性的影响效应，主要包括民间金融对金融体系稳定性的正向影响效应以及负向影响效应，并重点分析民间金融对金融体系稳定性影响效应的传导机制；最后，提出本书的理论研究假设。

第4章为民间金融与金融体系稳定性的特定事实。本章结合本书的研究内容以及实际情况，梳理了民间金融发展以及金融体系稳定性的特定事实，在研究了相关文献的基础上，确定了民间金融规模和金融体系稳定性指标的测算方法，并应用测算方法测算了民间金融规模以及金融体系稳定指数，特别是应用主成分指标合成法对我国 2006—2018 年金融体系稳定性综合指数进行测度，同时对民间金融规模与金融体系稳定性指数进行了简单探索性分析。

第 5 章为民间金融对金融体系稳定性的空间溢出效应研究。在之前的理论分析和数据测算的基础上，本书选用空间面板数据模型对我国民间金融对金融体系稳定性的影响效应进行实证分析。首先，根据具体应用进行了模型设定与相关变量选取；其次，对相关数据进行了探索性空间数据分析，而后进行了莫兰指数检验以及空间效应诊断；最后，采用空间邻近、地理距离和社会经济距离矩阵三种方法对民间金融对金融体系稳定性的空间溢出效应进行空间计量分析，深度研究空间溢出效应问题。

第 6 章为民间金融对金融体系稳定性影响效应的作用路径研究。首先，选用中介效应模型对民间金融对金融体系稳定性影响效应作用路径的存在性进行分析；其次，考虑到不同时段的差异性，本书按照时间段进行划分，分析民间金融对金融体系稳定性影响效应作用路径的时间异质性；最后，考虑到不同区域的差异性，按照空间进行划分，将全国分成东部、中部以及西部三个子样本，分别对三个子样本进行分析，深入分析民间金融对金融体系稳定性影响效应作用路径的空间异质性。

第 7 章为民间金融对金融体系稳定性影响的门限效应研究。本章采用门限动态面板数据模型对民间金融与区域金融稳定性之间的关系进行门限异质性分析，具体将民间金融发展水平、时间、正规金融发展水平、人均地区生产总值、市场化指数等五个变量分别作为门限变量分析民间金融对金融体系稳定性影响效应的门限异质性，以全方位、多视角地研究民间金融对金融体系稳定性影响效应的门限异质性；同时，将民间金融的二次项纳入方程，实证分析民间金融对金融体系稳定性影响效应的适度规模问题。

第 8 章为结论与政策建议。本章在梳理本书的主要研究结论的基础上，提出相应针对性的对策建议。

1.4.2 本书框架

本书框架如图 1－1 所示。

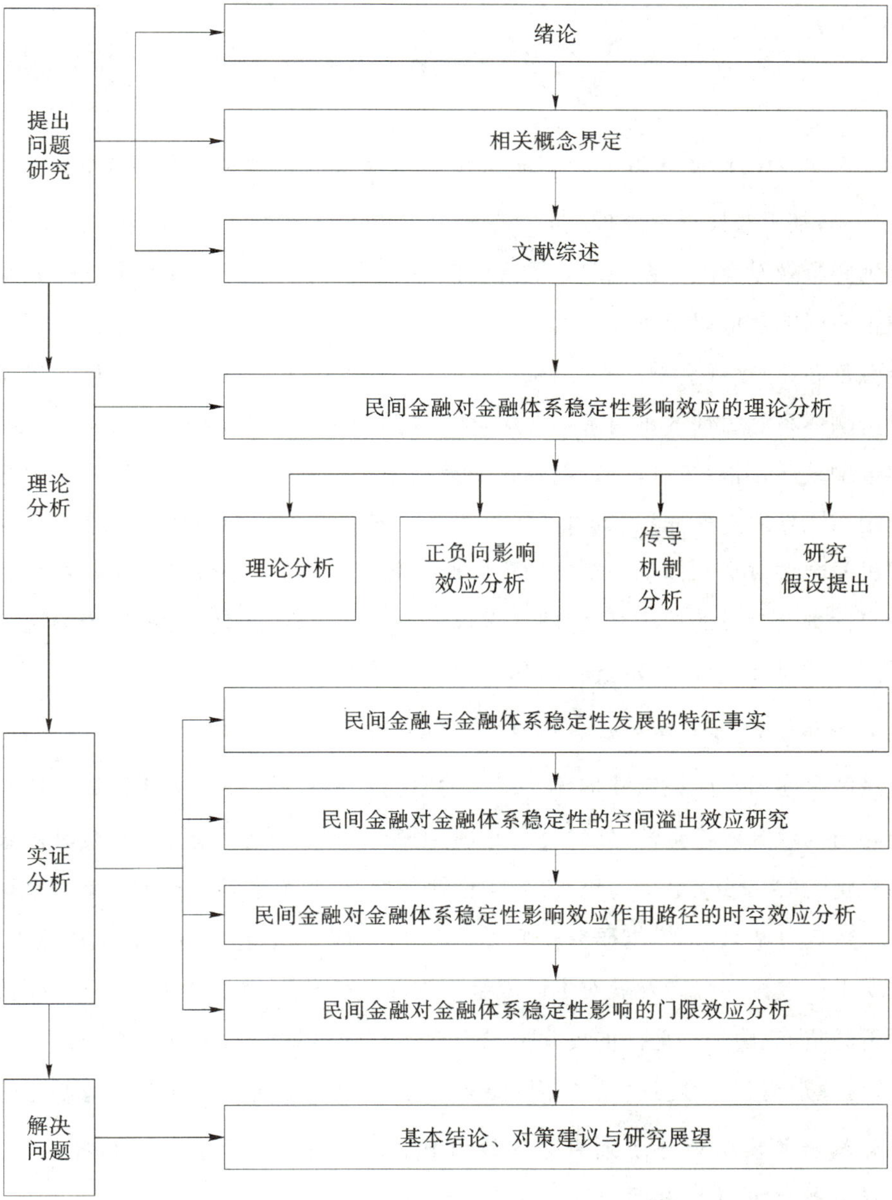
提出问题研究
绪论
相关概念界定
文献综述
理论分析
民间金融对金融体系稳定性影响效应的理论分析
理论分析
正负向影响效应分析
传导机制分析
研究假设提出
实证分析
民间金融与金融体系稳定性发展的特征事实
民间金融对金融体系稳定性的空间溢出效应研究
民间金融对金融体系稳定性影响效应作用路径的时空效应分析
民间金融对金融体系稳定性影响的门限效应分析
解决问题
基本结论、对策建议与研究展望

图 1-1　本书框架图

1.5 本书特色

1. 构建了民间金融对金融体系稳定性影响效应的理论分析框架

首先，基于经典理论分析民间金融对金融体系稳定性的影响效应。其次，具体分析民间金融对金融体系稳定性的影响效应，主要包括民间金融对金融体系稳定性的正向影响效应以及负向影响效应，其中从论证民间金融促进宏观经济发展、促进金融创新、与正规金融形成互补以及促进金融市场竞争四个方面分析了民间金融对金融体系稳定性的正向影响效应，从影响货币政策调控减弱金融体系稳定性、影响金融秩序正常运行以及民间金融的高利率风险影响金融体系稳定、民间金融的信用风险导致金融体系的不稳定、民间金融发展增加社会不稳定因素等方面分析了民间金融对金融体系稳定性的负向影响效应；并重点分析民间金融对金融体系稳定性影响效应的传导机制，即从需求侧方面的投资、消费、贸易三个渠道分析了民间金融对金融体系稳定性影响效应的传导机制。

2. 揭示了民间金融对金融体系稳定性的空间溢出效应

民间金融与金融稳定性均存在明显的空间集聚特性，采用空间计量方法对民间金融与区域金融稳定性之间的关系进行研究分析。研究发现，民间金融对金融体系稳定性的总效应显著为正，说明从长期来看，民间金融发展有助于区域金融稳定。从效应分解来看，本书研究模型表明，直接效应为正，且具有统计上的显著性，这说明本区域民间金融发展对本区域金融体系稳定性具有正向溢出效应；间接效应显著为负，说明邻近地区的民间金融发展不利于本地区的金融体系稳定。空间邻近、地理距离和社会经济距离矩阵结果一致，说明本研究回归结果具有稳健性。

3. 揭示并实证检验了民间金融影响金融体系稳定性中介作用路径的存在性以及时空异质性

本书深入分析了民间金融对金融体系稳定性影响效应的时空异质性，研究发现：从省际层面回归结果看，民间金融对区域金融稳定性影响的投资路径、消费路径和贸易路径均显著为正，说明民间金融对区域金融稳定性影响的投资路径、消费路径和贸易路径客观存在。从时间维度看，在 2010 年以前，民间金融影响区域金融稳定性的路径只有消费路径和贸易路径；而在 2010 年以后，民间金融影响区域金融稳定性的消费路径、投资路径和贸易路径均存在，说明我国民间金融对金融体系稳定性的影响效应具有时间维度上的异质性。从空间维度看，东部地区投资路径不存在，中部地区消费路径不存在，西部地区贸易路径不存在，即民间金融对金融体系稳定性影响效应存在空间异质性。

4. 发现并证实了民间金融对金融体系稳定性影响效应的门限异质性

研究发现，以民间金融发展水平为门限变量的模型回归结果显示，民间金融发展水平(IF)的门限效应显著存在，门限值为0.221，在门限值前后，民间金融发展水平对区域金融稳定性均有正向影响，但在门限值之后民间金融发展水平的影响程度明显减弱。以时间为门限变量的模型回归结果显示，时间变量的门限效应显著存在，门限值为2010年，民间金融对区域金融稳定性始终存在正向影响，但在2010年后，民间金融的影响程度明显减弱。以正规金融发展水平为门限变量的模型回归结果显示，门限值为0.202，在正规金融发展水平的门限值前后，民间金融对区域金融稳定性的影响存在显著差异：当正规金融规模较小时(DG≤0.202)，民间金融对区域金融稳定性存在显著的正向影响；当正规金融规模较大时(DG>0.202)，民间金融对区域金融稳定性的影响并不明显。以人均地区生产总值(aGDP)为门限变量的模型回归结果显示，人均地区生产总值的门限效应显著存在，门限值为2.925万元。只有人均地区生产总值超过门限值，民间金融才会对区域金融稳定性产生明显的正向影响；在人均地区生产总值未超过门限值时，民间金融对区域金融稳定性的影响并不显著。以市场化指数(Market)为门限变量的模型回归结果显示，市场化指数的门限效应显著存在，门限值为6.743。市场化指数只有在门限值6.743以上时，民间金融才会对区域金融稳定性产生明显的正向影响；在市场化指数未达到门限值时，民间金融对区域金融稳定性的影响并不显著。同时，本书研究还发现，民间金融与区域金融稳定性之间的关系呈现出非线性的倒U形，说明民间金融与金融稳定性之间关系中存在适度规模，并计算得出民间金融与金融稳定良性互动发展的适度规模为IF=0.287。

第 2 章　文献综述

2.1　民间金融相关文献综述

2.1.1　民间金融产生的相关文献综述

国外学者普遍认为金融抑制性是民间金融产生的重要原因。关于民间金融产生的动因，Mckinnon 教授在《经济发展中的货币与资本》中早有相关论述，他认为民间金融产生的根本原因是金融抑制的存在，发展中国家的金融市场是二元结构，即传统金融和现代金融两种形式。民间金融就是典型的传统金融。发展中国家的金融体系较为滞后，经济增速高于金融体系的发展速度；加之金融体系的转型升级本来就是一个较为漫长的过程，为了保证经济的高速增长，必须让重点产业先发展起来，信贷倾斜也就相伴而生，最终导致了金融抑制的出现。民间金融深受需求引致的影响，当正规金融无法满足市场的融资需求，而民间资本却又十分充沛时，企业和个人就会将这部分需求转移到民间金融领域，即多数学者认为的非正规金融。金融抑制是货币当局与金融机构两者之间共同作用的结果。首先，货币当局通过利率调整，在短期内将实现资金流向的改变，改善市场的货币供求关系。从长期来看，利率的变动配合指导性信贷释放了国家产业政策调整的信号。其次，货币当局通过调整存款准备金率，来调节货币在市场中的供给量，对于迫切需要资金以缓解流动性困难的中小企业而言，存款准备金率的升高是极其不利的[2]。在我国，因为国有企业的信用水平更高，银行发放的贷款所面临的风险也就更小。同时，政策性信贷也是响应国家战略转型的主要手段。大量的资金被重点扶持领域和国有企业汲取，民间的流动资金成为民营中小企业的主要融资来源，所以民间金融的存在是合理的。Anderson 认为信贷配给是金融抑制的结果，金融资源的分配具有政策歧视的特点[8]。在以公有制为主体、多种所有制经济共同发展的制度下，中央政府给予国有企业充分的资金和政策支持，因此国有企业可以十分便利地通过正规金融体系来获取融资。相反，民营中小企业的信用水平无法与国有企业相提并论，同时我国的商业信贷存在歧视行为，民间经济个体为了获取融资就必然要寻求民间金融市场的有力支持。

国外很多学者认为民间金融产生于不受监管的金融领域。在国外民间金融也被称为“informal finance”。Chandavarkar、Anderson 和 Baland 等学者认为非正规金融更多是一种不受监管的金融行为[30,8]。相反，Okurut 等认为非正规、非标准化的民间金融具备一定的自我监管能力，虽然没有货币当局的监管体系那么完善，但是仍然可以达到既定的管理目标[31]。随着实体经济的快速发展，金融产业与配套服务也在加速完善，催生了大量的民间小额信贷公司、抵押公司[32]。它们逐渐成了民间金融服务的主要提供者，由于其服务对象多为经营规模较小、综合实力较弱的中小企业，会表现出一部分民间借贷的特征。Passas Nikos、Hsu Sara 和 Li Jianjun认为要从央行是否承认其金融活动，来区分民间金融与正规金融。当央行的调控活动对其不产生影响时，它就属于民间金融的范畴。不被当局承认的活动一般具有隐蔽性、难以监测的特点。在中国，多数非国有企业在商业银行很难取得成本较低、期限合理的贷款，所以它们不得不转向使用非正式的、不受监控的金融渠道进行融资，进而解释了我国民间金融产生的缘由[6]。Franklin Allen、Qian Meijun、Xie Jing 认为在民间金融活动中，正规的金融机构是不参与资金融通交易的，交易的主体只是资金的供给方和需求方。同时他们认为规模较小、实力较弱的企业会因信息不对称而蒙受损失。因为这类企业在金融政策信息、行业信息的捕获和收集上存在一定的劣势，在大数据时代下，信息的把握显得尤为重要。大多数中小企业的生命周期较短、信用水平是低于国有大型企业的，导致它们难以与商业银行建立持久的合作关系，而商业银行更喜欢将自己的风险资产（贷款）更多地发放给国有大型企业，并在资金价格上给予一定的优惠。没有稳固的银行背景，对于中小企业而言，融资渠道就会大大缩窄。在信贷收缩时期，中小企业因无法取得贷款来缓解流动性危机，使得许多前景较好并且处于成长期的企业过早地步入了破产之路。然而，民间金融在弥补中小企业信息不对称上具有一定的优势[4]。Straub 研究发现民间金融可以弥补中小企业信息不对称的短板，认为民间金融的信息更容易获得，信息更加透明，因而民间金融因信息方面的优势可以很好地满足中小企业融资需求，成为支持中小企业发展的重要融资渠道[7]。Stiglitz 和 Weiss 在前者的基础上，详细地指出了信息不对称对中小企业的不利影响。他们认为，信息不对称会提高企业的融资成本。贷款人在发放贷款时首先想到的是风险和收益的权衡。由于贷款人对借款方的财务信息和内部信息并不是十分掌握的，贷款方为了事先防范风险，就会提高借款人的借款成本，向其提出更加严苛的贷款要求。由于借贷双方的信息不对称，本来风险水平较低的借款人因无法承受过高的融资成本而选择退出正规金融体系，转向非正规金融领域寻求融资。贷款人因为低风险客户群体的萎缩，又不愿意承担过高的资金闲置成本，就不得不将资金贷给那些风险更高的企业。风险水平较高的借款企业发生道德风险的概率较大，因为其信用水平较低，更容易发生违约[33]。Franklin Allen 等认为非正规金融的存在并不会对正规金融产生不良影响。民间金融的发展会以血缘关系、地缘为依托。以血缘关系为纽带，就会扩大潜在的融资渠道，加速信息的传播。因为民间融资离不开个体的社会人际关系网，利用已掌握的人际资源，就能对借款人的信用水平、还款能力、收入状况等方面的消息有全面的了解，做到充分的事前防范[4]。

国内学者也通过金融抑制理论和金融二元结构理论解释了我国民间金融的产生缘由。他们认为货币当局的调控行为在一定程度上导致了金融抑制的发生，进而产生了民间金融。姜旭朝、丁昌锋认为民间金融的产生与金融的二元结构有关[10]。在我国，金融抑制主要表现为一系列的管制活动：政府对金融业的宏观调控，货币当局出台的一系列调控政策，监管部门对金融机构和金融交易活动的严格监控等。

正是因为正规金融的功能不能得到完全的发挥，民间金融就成了一种补充手段。在发达国家，民间金融的存在也只是一种过渡性的制度架构。民间金融的交易活动是脱离于货币当局监管的[11]，同时其交易活动具有较强的隐蔽性，通常难以监测[12]。以上特征促成了民间金融与地下经济活动的密切合作，民间金融自身的风险问题以及负面特征显现。所谓“地下经济”，是与显现的地上经济相对应的。顾名思义，它是并未在工商管理部门注册，脱离政府管理，在政策制度以及法律之外运行的经济形式，这种经济形式实际上在全世界范围内普遍存在，其涵盖了经济体系生产、分配、流通、消费的所有环节。地下经济的运行也需要资金的融通，但由于它是地下经济，不可能从正规金融取得金融支持，因而民间金融就与地下经济建立起天然的联系，成为其重要的金融支撑渠道。从全世界范围看，地下经济主要包括三类：第一类主要是并未在政府工商相关部门注册的个体经济，其不登记注册的目的一般是不交税收，通常这类经济被称为“影子经济”；第二类主要是一些违法犯罪的经济活动，如洗钱、赌博以及走私等，这类活动被称为“黑色经济”；第三类主要是非法集资、网络诈骗等利用互联网技术进行犯罪的新型网络犯罪活动。事实上，这三类地下经济活动都具有很强的隐晦性，都是监管当局和执法部门打击的对象，但这些地下经济活动的生存发展均与民间金融存在密切的联系。林毅夫和孙希芳在研究中认为不受监管部门监督的金融活动就是民间金融[11]；凌峻岭从借贷双方是否为正规的金融机构出发对民间金融与正规金融做出区分[12]，在正规金融监管体系之外的，并且民间经济个体作为融资活动需求方的金融活动都隶属民间金融。

总体上说，国内外学者认为民间金融的产生与金融抑制、政策当局的监管活动、二元金融结构等因素有关。事实上，金融抑制催生了民间金融，民间金融的主要特征是脱离监管活动，它在降低企业信息不对称上有较强的积极作用，从而民间金融与正规金融构成了二元金融结构，共同服务于实体经济发展。

2.1.2 民间金融影响经济发展的相关文献综述

民间金融发展对宏观经济指标和微观经济个体行为都产生了重要影响。

宏观经济影响方面，潘彬等探究了民间金融对中国主要宏观经济变量的作用机制，并以此为基础选取全国地区性民间借贷综合利率指数作为民间金融的代理指标，建立 VAR 模型分析了民间金融对这些宏观经济变量的影响，研究发现：民间金融在理论上能直接以及通过货币政策间接影响经济增长和通货膨胀，而民间金融与货币政策的互动依赖于宏观经济变量之间的联系或正规金融的传导。从实证分析来看，民间金融的发展对经济增长有显著影响，作用方式是先促进后抑制；民间金融也能显著影响通货膨胀，其利率升高会加剧通货膨胀；但是民间金融和货币政策无显著关系，这是由于经济增长和通货膨胀没有起到传递作用以及民间金融和正规金融无明显的互动，由此表明民间金融并不能通过货币政策间接影响经济增长和通货膨胀。该研究有助于深入理解民间金融与宏观经济的关系，对制定相应的经济政策和管控民间金融风险具有重要的借鉴意义[34]。刘希章等利用 2004—2016 年中国 30 个省级区域样本，以运用 DEA-Malmquist 指数法测算的全要素生产率（TFP）增长作为被解释变量，以运用均衡法测算的民间金融规模作为解释变量，通过建立面板数据门限回归模型对民间金融规模与全要素生产率增长关系进行实证分析，发现民间金融对 TFP 增长指数提升有积极促进作用，并且这种促进作用具有阶段性差异性，即随着时间的推移，民间金融对 TFP 的正向作用逐渐提升，同时目前民间金融对全要素生产率的作用渠道主要是技术水平提升途径；民间金融对 TFP 增长指数的作用具有地域性差异性，但就整体而言这种差异化正在不断缩小[35]。李富有等聚焦于民间金融对经济高质量发展影响的空间差异，应用中国 2000—2017 年的省际面板数据进行实证研究发现：中国东、中部区域民间金融促进经济高质量发展的效应存在，而西部民间金融促进经济高质量发展的效应不存在。从作用渠道看，投资路径对于东、中、西部地区而言均是民间金融影响经济高质量发展的主要路径，其中，中部地区投资路径的中介效应最大；在消费路径方面，东、中、西部各地区民间金融对消费水平的影响均不显著，各地区消费水平主要受正规金融的影响，其中，西部地区民间金融的发展还会导致该地区消费水平下降；就贸易路径而言，东、中、西部各地区民间金融的发展均能促进该地区贸易水平的提升，然而不同的是，东部和中部地区贸易水平对经济高质量发展没有明显影响，而西部地区对外贸易的发展对经济高质量发展产生了负向作用，因此西部地区民间金融影响经济高质量发展的贸易路径产生了负向中介效应[36]。沙春枝等聚焦于民间金融与经济高质量发展的关系，采用中国 2000—2017 年省区市面板数据，利用差分 GMM 和系统 GMM 模型克服内生性，采用中介效应模型进行了实证检验，发现民间金融仅能通过投资路径对经济高质量发展产生影响，相较而言正规金融则可以通过投资和消费两个路径影响经济高质量发展，但是无论民间金融还是正规金融，均不能通过贸易路径影响经济高质量发展水平[37]。

民间金融对微观经济个体也产生了显著影响。廖冠民等以中国工业企业数据库中的民营企业为样本，基于企业所属地区的民间借贷平均规模度量民间金融发展水平，研究发现：民间金融可以缓解民营企业的投资不足问题，但并不会导致民营企业的过度投资；当企业的信息不对称程度更高或代理问题更严重时，民间金融对民营企业投资不足的缓解作用更加显著；此外，当企业的融资约束程度较高或地区的社会资本水平较高时，民间金融对民营企业投资不足的积极作用更加明显；进一步研究显示，民间金融发展有助于提高企业的经营业绩。该研究利用中国人民银行颁布的民间金融“阳光化”政策进行双重差分检验，实证结果保持不变[38]。谭凯德等研究发现，民间金融发展会促进企业金融化，尤其是民营企业；民间金融提供投资渠道，并以高回报吸引企业参与金融活动，这种机制的负面影响已超过其改善信息环境发挥的正面效应；进一步研究发现，雇佣非金融背景首席执行官

(CEO)、提高分析师关注、降低行业竞争压力以及维持经济高速增长等措施能减轻民间金融的不利影响。在当前背景下,民间金融发展会加剧资金空转,导致经济“脱实向虚”,因此,应加强对企业出资参与民间金融活动的监管,重视由此形成的风险在金融系统和实体经济间的蔓延机制[39]。孙武军等基于 2019 年全国返乡创业企业调查数据,使用 OLS 回归研究民间借贷对返乡创业企业绩效的影响,研究发现民间借贷能够缓解金融约束,显著提升返乡创业企业的绩效;进一步研究民间借贷对不同层次创业企业的影响,发现民间借贷对生存型、发展型和价值型返乡创业企业的经营绩效、社会效益均产生显著的正向影响,对生存型、发展型返乡创业企业可持续发展能力的正向影响要大于价值型返乡创业企业;对不同行业的创业企业而言,民间借贷对批发零售业、住宿餐饮业和制造业返乡创业企业的经营绩效、可持续发展能力、社会效益均产生显著的正向影响,只是对住宿餐饮业企业社会效益的影响要大于批发零售业和制造业;对不同区域的创业企业而言,民间借贷对东中西部地区的返乡创业企业经营绩效、社会效益均产生显著的正向影响,对中西部地区返乡创业企业的可持续发展均产生显著的正向影响[40]。

2.1.3　民间金融风险的相关文献综述

民间金融的生存环境和自身特征决定其容易引发风险。王婷等利用浙江省温州市平阳县民间合会数据研究发现:①越紧密的会内网络结构以及越大的网络规模越有利于民间金融风险的控制。②跨会网络具有抑制和扩增风险两种作用,它是协同监督和惩罚机制生效的基础,因而对风险具有控制作用,但这种作用只在中介成员为会首时才显著;同时,它也构成了风险传播的通道,导致资金被分散到多个会中,因而提升了系统性风险[41]。张欣等将 SEIR 传染病模型引入具有小世界特征的民间金融网络中,探讨民间金融网络中的风险传染机制和监管部门的干预策略;通过各省公开的小额贷款公司数据,近似地构造具有小世界特征的区域性民间金融网络,建立监管部门干预下的民间金融风险传染模型,并在此基础上进行风险传染和监管干预策略的数值仿真实验。研究发现:民间金融风险爆发时监管部门出面干预可有效降低风险的影响范围;较强的监管干预力度可以大幅降低网络中被感染节点的比例;相比于随机性免疫策略和规则性免疫策略,针对性免疫策略对风险的干预控制效果更好;监管滞后会使得被感染节点密度达到收敛状态的时间变长,增大民间金融风险的影响[42]。刘希章等聚焦于民间金融风险引发因素、生成机理及性态演变进行研究，认为民间金融风险的引发因素包括“体制性因素”“政策性因素”“声誉约束因素”“利率及融资成本因素”“人格化合约因素的变化”；进一步分析民间金融的外生性风险包括“体制性风险”“政策性风险”，而内生性风险包括“信用风险”“道德风险”“高利率风险”“操作性风险”“流动风险”；探明了民间金融风险的链式生成机理为“初始引发因素→触发表象→深层问题→生成风险”；分析了民间金融风险的性态演变，即风险由“简单化”向“复杂化”、由“低风险”向“高风险”、由“高水平状态”向“平稳状态”演变[43]。

2.1.4 民间金融规模测算的相关文献综述

近年来，我国的民间金融规模不断增长，民间金融在金融体系中的作用以及对经济发展的影响也受到了大量学者的研究。相比于正规金融，民间金融的隐蔽性较高，且缺乏直接相关的统计数据，因此对于民间金融的规模只能依靠实地的调研或者间接的估算，对于民间金融规模的测算很多学者采用了不同的方法。总体来看，测算的方法主要分为直接测算法及间接测算法。直接测算法是指通过实地走访或调查来获取数据，通过样本与总体的比例来估算各地民间金融的规模，或者将民间金融分成几个组成部分，通过分别计算各个组成部分的规模，来加总求和得到民间金融的规模。间接估算法则是以现有的相关统计数据为基础，在一系列的假设前提下，通过相关比例关系来估算民间金融的规模。

第一，直接测算法。郭沛测算农村的民间金融规模时，通过获取私人企业的固定资产投资总额与私人企业从正规金融得到的贷款数据，推算出私人企业在其他渠道，如民间融资的渠道所获取的资金规模。该方法设定了两种不同的口径，用不同的口径来估算私人企业的民间融资规模，并且在两种口径的基础上，乘以 70%就得到农村私人企业的民间融资规模。作者根据原农业部农村固定观测点获得的数据，并假设 75%的农户参与了民间融资，进而计算出农村民间金融总规模[44]。李建军测算了我国 1978—2008 年共 31 年间的民间借贷的规模。具体测算方法是，先测算中小企业发展所需要的资金投入量，再通过调研及数据统计得到各企业从正规金融体系中所获得的融资规模，用两者之间的差值估算出我国的中小企业在正规金融体系之外获得的资金规模，即民间金融的规模[45]。

第二，间接测算法。间接测算法是由李建军提出的，该方法假设民间金融和正规金融具有相同的融资效应，即二者的融资需求比例相同，从而采用间接估算方法对民间金融的规模进行了测算[46]。在此之后，越来越多的学者采用间接测算法来估算我国的民间金融规模，并对测算的公式有所改进。彭芳春借鉴李建军提出的测算方法，同样假设在一定的时间段中，每个区域的经济金融相关系数是一致的。并且，该方法认为北京作为我国经济与政治发展的中心区域，其金融业非常发达，可以满足绝大部分的融资需求，因此民间金融的规模较小，以至于可以假设为零。她以北京地区的相关系数为基础，将其应用到武汉，测算了武汉的民间金融规模[47]。易远宏同样采取了间接测算法，利用经济金融的相关比例关系，测算了我国广东省农村民间金融规模[48]。赵鑫在研究我国民间金融发展的制度分析中，也利用间接测算法，以北京作为参考，测算了 1994—2010 年我国的民间金融规模[49]。牛犇在间接测算法的基础上，考虑到正规金融中指标的统计口径有所差别，为了遵循一致，在修正的 θ 值法公式中将股票融资额与外商直接投资去掉[50]。欧文利用间接测算法对株洲民间金融规模进行测算，并实证分析了民间金融与经济增长之间的关系[51]。张磊磊在采用各种假设条件下，以北京的经济金融相关比率为基础，用间接测算法估算了我国 1994—2014 年的民间金融规模[52]。钟琛利用间接测算法估算我国民间金融规模，用地区融资额占 GDP 的比率作为估算的基础，并以北京和上海的 θ 值，即经济金融相关系数为基准，估算全国层面的正规金融的规模和民间金融的规模[53]。范春琴根据信贷融资额与 GDP 的比值关系测算民间金融的规模，并以北京的经济金融相关系数为基准[54]。董雯认为，间接测算法的理论来源于柯布-道格拉斯生产函数，即在同一时间每个地区的投入产出比都是相同的，这就可以理解为不论该地区是否存在民间金融，该地区的信贷融资需求比在同一时间都是相同的；除了采用大多数学者采用的估算指标外，该方法考虑到政府财政对民间金融具有一定的挤出效应，因此为提高测算的准确度，将政府的财政收入指标也纳入了 θ 值的计算公式中，提高了测算的准确性[55]。

第三，其他方法。朱海城借鉴麦考菲收入支出法，对我国浙江省的民间金融规模进行了测算。该方法认为居民部门的收入主要包括工资性收入、从正规金融机构获得的贷款以及从民间金融市场取得的资金，而居民部门的支出除了传统的消费支出外，还包括居民参与投资的支出以及在金融机构的储蓄。该方法假设居民部门的收入是等于居民部门支出的，根据这一收入支出的等式估算出居民部门参与民间融资的规模。同时，该方法也认为官方的统计数据并不一定准确，对于居民收入的统计数据并不能够完全反映居民的全部资金来源，没有被官方数据所体现的居民收入来源，应当就是居民参与民间金融的规模[56]。刘希章等在剖析民间金融的属性特征和风险机制之后，以“单位 GDP 贷款系数”测度法为基础进行民间金融规模的测算。通过对现实情况的分析可以看出，由于经济和金融形势的变化，每年的社会融资规模中，银行信贷所占的比例越来越低，如果只考虑银行的贷款规模就不能够准确地反映社会融资情况，因此需要对这一方法进行改进，即改进的“单位 GDP 资金系数”法。该方法用测算的平均资金系数乘以民营经济主体创造的国内生产总值，就得到了民营企业发展所需要的资金量，再用该资金需求量减去民营企业的正规金融贷款，就得到了民营经济在民间金融市场的融资量[57]。

总体来看，对于民间金融规模的测度方法很多，不同学者采用不同方法测算出来的结果也有很大差异。毋庸置疑，国内学者对于民间金融规模的测算方法越来越全面，体系越来越复杂，参考的指标更多，测算的准确性也越来越高。

2.2 金融体系稳定性的相关文献综述

国外学术界对金融体系稳定性的研究多是关注金融稳定指标体系的构建。如 Honohan、Klingebiel 研究认为银行体系的脆弱性衡量指标很多，必须使用指标体系来衡量，可以选择的指标包括不良贷款率、贷款增长率、资本充足率、货币供应增长率等[58]；Fell、Schinasi 认为反映金融体系稳定性的指标不只包含金融机构、金融市场等基础设施部分，还应包含金融机构的风险承受以及宏观经济状况等指标[59]；Davis、Karim 在研究中通过采用 Logit 模型建立了一个金融风险的预警系统，除了考虑基础的金融稳定指标外，还将决策者的预期这一因素纳入了预警系统，并且通过分析认为实际 GDP 增长率以及国际贸易指标也是衡量金融系统稳定的相关指标[60]。

国内学者也对金融体系稳定性指标体系进行了研究。殷兴山、孙景德和徐洪水在构建金融稳定性指标体系时，以区域数据为主，体系包含了区域银行情况、区域经济情况以及区域金融情况 3 个子系统共 15 个指标[61]；杨洋和王伟在相关研究的基础上，构建了由宏观经济、金融机构、金融市场和外汇风险 4 个类别组成的指标体系，其中，金融机构层面指标以银行业相关指标为主，金融市场层面指标以股票市值和市盈率为主，并利用主成分分析法测算了我国的金融稳定指数[62]；张东旭在借鉴《中国金融稳定报告 2008》的基础上，构建了包括宏观经济环境、金融市场与银行业、保险业以及金融监管等4个一级指标，以及GDP增长率等共计18个三级指标的评价体系，并采用熵值法测算了全国各省区市的金融稳定指数[63]；张婷构建的区域金融稳定指标体系包含了宏观经济和金融生态环境2个方面，其中，宏观经济指标包括经济增长指标、消费增长指标以及收入与价格指标等6个二级指标，金融生态环境指标包括证券业、资产质量、金融业贡献等10个二级指标[64]。

综上可知，金融体系稳定其实是指金融体系基本功能的高效发挥状态。金融体系稳定离不开宏观经济的平稳增长作为保障。金融体系稳定表现为金融体系能够积极有效地防范和应对风险，降低市场波动幅度的状态以及金融体系内部的各个组成部分能够充分发挥各自的职能；同时，表现为面对危机时，仍然能做到高效运转，实现金融资源的优化配置，满足当下的融资需求。总的来说，金融体系稳定就是金融系统的高效运行、金融资源的高效配置以及金融风险的有效抵御。

2.3　民间金融对金融体系稳定性影响效应的文献综述

由于金融抑制的存在，民间金融是实体经济融资需求的有效补充。从理论上看，随着金融体系的完善，金融发展水平的提高，非正规金融最终是要向正规金融过渡的。民间金融主体始终以追逐高收益为首要目标，因此，民间资本的投机性较强，同时，民间金融与商业银行等正规金融体系的关系紧密，从而使得民间金融风险如果暴露则很容易对商业银行等产生影响效应，进而对整个金融体系甚至宏观经济的安全性产生影响效应。国内外学者对民间金融对金融体系稳定性的影响效应进行了大量研究。

国外学者认为民间金融和“影子银行”“非正规金融”具有很大的相似性。“影子银行”这个概念最早由McCulley提出，他将影子银行定义为银行体系之外的具有高杠杆特点的金融业务[65]。国际货币基金组织(IMF)将影子银行定义为“准银行”，因为影子银行和民间金融活动一样都是脱离于央行监控体系之外的，但是和传统的商业银行具有相似的功能。欧盟认为非银行体系内的业务活动都属于影子银行的范畴，认为影子银行有两个突出特征：第一，功能上与商业银行十分相似；第二，其金融活动是游离于央行的监管体系之外的。民间借贷作为民间金融的主要表现形式，在很大程度上与影子银行比较相似，都是为了满足社会的融资需求，且都不受监管当局的约束。总的来看，影子银行就是为各类企业、组织和个人提供期限多元、缓解流动性和杠杆水平较高的贷款服务。Floro 与 Yotopoulos 对菲律宾的农村金融现状进行了研究，发现民间金融能有效地解决农户借款的诉求，它能够结合借款者的实际情况提供相应的贷款[66]。Baily 认为，金融体系具有信息不对称、不透明的特征。民间金融的高杠杆水平加大了金融体系爆发危机的可能性。民间金融的主要业务都是在规避金融部门的监管；随着时间的推移，金融系统的风险会不断累积，对金融稳定性产生严重的威胁[67]。Reinhart 和 Rogoff 研究指出，由于影子银行和商业银行的功能十分相似，因此影子银行也具备强大的信用创造能力，而信用创造往往需要良好的流动性水平来维持。当金融系统受到冲击时，影子银行的再融资渠道会迅速收窄，使得其流动性进一步萎缩，加剧了金融系统的不稳定性[68]。美国金融危机调查委员会认为，当金融体系受到冲击时，民间金融的风险会快速传导至银行业，最终导致了金融系统的不稳定[69]。Gennaioli 等研究发现，当市场对尾部极端值发生的概率普遍低估时，影子银行的金融活动会加剧金融体系的脆弱性[70]。

国内学者较多对民间金融可能产生的风险进行了研究。张欣、苏继超采运 SEIR 传染病模型研究发现，政府监管机构及时介入对于民间金融风险影响效应的广度与深度具有重要影响，即政府监管机构及时介入能够有效降低民间金融风险溢出负面影响的广度与深度[42]。范建军在对民间借贷危机的研究中指出：较高的融资成本是诱发民间金融风险的一个重要因素。同时发现，民间金融的资金并非全部来自经济个体的储蓄存款，还可能来自正规金融机构。这就为民间金融的风险向正规金融体系传导提供了途径[71]。方先明、孙利对民间金融风险的成因进行了分析，认为民间金融风险的传导是由内向外的，它的传导分为两步。首先，民间金融风险在自身市场中不断累积。由于金融要素具有较强的流动性，正规金融市场和民间金融市场对金融要素通常会交叉相持，使得民间金融的风险会通过这些共有的要素逐渐传递给正规金融体系。而正规金融体系又是与实体经济密切配合的，当风险在正规的金融市场中爆发时，就难以平稳高效地发挥自身的效能去服务实体经济的发展，进而对宏观经济产生负面影响，破坏了金融体系的稳定性和支付体系的安全性[72]。吴炳辉、何建敏研究发现，民间金融风险在不同的阶段会体现出不同的特点。在风险形成的初期，风险的破坏性和影响的范围都较小；在中后期，由于经历了长时间的积累和传导，风险的规模和破坏性都极大增强，会对金融体系的稳定造成更大的冲击[73]。张强、胡金焱认为，实体企业从正规金融市场获取融资的成本在快速上升，是不利于维持金融体系的稳定的[74]。吴国威和杨玲认为监管的缺乏让民间金融极易产生金融风险，例如利率风险、信用风险、流动性风险以及操作风险等[75]。陆晓明认为当经济走下坡路时，由于其内在的脆弱性以及缺乏中央银行的资金支持，民间金融难以抵挡突发风险的冲击[76]。汤志勇认为民间金融具有操作简单、灵活性强、不需要抵押品以及人格化合约约束机制的特点，同时，民间金融具有信息优势以及交易成本优势，这些因素使得民间金融资源流动更加迅速与高效，风险状态极具不确定性。加之，民间金融是脱离于监管体系之外的活动，融资活动具有隐蔽性，导致近年来民间借贷危机频发、非法集资不断滋生蔓延以及民间金融诈骗屡见不鲜，扰乱了正常的金融秩序，破坏了金融体系的稳定[77]。学术界也有学者关注了民间金融风险的区域差异性。如王擎和白雪研究发现，我国民间金融的规模和风险承受能力在不同的地区是截然不同的。东部地区的民间金融规模在全国来说是最大的，资金流动十分活跃，抵御风险的能力也相对较高；而西部地区，金融体系发展水平较低，规模也相对较小，抵御风险的能力也就最差，因而西部地区所面临的挑战也最为艰巨[78]。还有学者对民间金融监管问题予以关注。如张宏铭认为我国的民间金融距离发达国家的水平仍然存在着很大的差距。发达国家对于民间金融的态度是不应过分围堵，而是应该合理疏导并加以规范，做到保障金融安全和创新高效并举。从宏观视角来看，国家应该对监管部门的职能进行更细致的明确，避免出现相关部门的缺位、失位。在微观层面，对于金融产品的创新要加以规范。尤其是民间金融与正规金融体系的交易业务要加强监管，密切关注民间金融风险对正规金融的传导，积极防御和分散风险，有利于金融体系的稳定[79]。杨江源认为要强化信息披露机制，监管部门应该对民间金融机构和金融活动加强监管，加速建立并健全民间金融的法律法规[80]。

同时，国内学者也对民间金融对金融体系稳定性的影响效应问题予以关注研究。叶茜以温州的民间金融为例分析发现，民间金融市场是一个市场程度很高的市场，民间金融的利率几乎完全取决于市场供求状况的变化，不同于正规金融市场，其市场利率能够反映真实的市场资金供求状况，从而能够为政府相关部门调控政策的出台提供现实依据[81]。但是目前我国的民间金融规模仍然较小，主要表现在融资零散、数额较少、发展速度缓慢，与近些年来高速增长的融资需求难以匹配，引起金融体系不稳定。《中国银行业监督管理委员会 2011 年报》指出，民间金融的大部分业务都是由短期资金转向长期投资领域，在缓解了金融市场流动性难题的同时，也产生了期限错配的风险，容易引发流动性危机，给金融体系造成严重的冲击。王立认为民间金融的交易活动是金融工具的延伸，由于民间金融的经济个体和正规金融体系的金融机构通常会建立交叉的资金关系，就使得金融风险更容易传递给传统金融业，且交叉的关系网使得风险的波及范围不断扩大[82]。邓超、唐莹和杨文静研究发现，民间金融会对商业银行的存贷业务进行一定的替代和补充，会影响银行业的流动性和资本充足率，加大了商业银行的风险。同时，民间金融的融资活动会对货币政策产生负面影响，使得货币乘数的派生功能难以有效发挥[83]。封思贤等研究发现，民间金融有利于金融创新，使得更多的资金投放到市场中去，从而可能影响金融体系稳定性[84]。冯建秀和张国祚认为民间金融是另一个重要的融资渠道，有利于利率市场化的形成，提升我国金融开放性水平和完善金融市场机制；同时认为从目前来看，民间金融并不是影响金融稳定性的首要因素，但是随着时间的推移，民间金融的规模不断扩大，与正规金融市场的黏结会变得更加紧密，负面影响就会愈发凸显[85]。由此有学者研究了民间金融对金融体系稳定性影响效应的时间阶段不一致性。如李富有、苏韶华研究发现，民间借贷会直接或间接地影响到银行系统的稳定性，短时期内的影响是较小的，但是随着时间的推移，商业银行的波动会加大[86]。方先明等研究发现，从短期来看，民间金融是有利于维护金融稳定性的；从长远来看，民间金融不断积聚的风险会得到放大，最终传导给实体经济和整个金融系统。可见，民间金融对金融稳定性的影响具有阶段性和时滞性的特征[87-88]。

2.4 文献述评

国内外学者对民间金融与金融体系稳定性关系的研究成果比较丰富，但从研究的发展来看，已有的研究成果较多地聚焦于民间金融自身、产生、规模、风险以及其对金融体系稳定性影响的定性研究等方面。总体上看，国内外研究大多集中在民间金融的产生原因及优势、民间金融风险的暴露及影响、民间金融发展途径与前景等方面，聚焦于民间金融与金融体系稳定性关系、两者现状分析的多，而揭示我国民间金融对金融体系稳定性影响效应的作用机理的研究相对较少；较多学者侧重于个案和局部的分析，较少从宏观层面研究民间金融对金融体系稳定性影响效应等问题;也没有对我国经济高质量背景下民间金融对金融体系稳定性影响效应进行针对性研究;更没有对民间金融对金融体系稳定影响效应的适度规模等问题进行深入系统研究。

从现有研究看,学者重民间金融风险的研究、轻民间金融对金融体系稳定性影响效应的研究;重民间金融危害的研究,轻民间金融对金融体系稳定性影响效应的作用路径以及门限效应研究;重民间金融的地区性研究,轻民间金融的全国性系统性研究,特别是缺乏对于我国民间金融对金融体系稳定性影响的时空效应、门限异质效应的关注。

本书将从分析民间金融与金融体系稳定性发展的现状出发,针对民间金融对金融体系稳定性影响效应问题,深入研究民间金融对金融体系稳定性影响效应的作用机理,并实证检验民间金融对金融体系稳定性影响效应的存在性,同时揭示民间金融对金融体系稳定性影响的时空效应、门限异质效应,并提出民间金融与金融体系稳定性良性互动发展的对策建议。

第3章 民间金融对金融体系稳定性影响效应的理论分析框架

3.1 民间金融与金融体系稳定性的相关理论分析

3.1.1 民间金融的特征

民间金融是与正规金融相对存在的金融形态，有着区别于正规金融的种种特征。对特征的深入认识，有助于准确把握民间金融的内涵和外延。

1. 动态性与模糊性

民间金融是一个不断发展的存在。有的形态现在属于民间金融，可能在不久的将来随着规模化和组织化的发展，逐渐受到重视，就会纳入国家金融监管范围，转化为正规金融；有的正规金融，不应该纳入国家金融监管范围，管制不应过于严格，国家也会取消监管，纳入司法自治为主的范围，成为民间金融形式；此外，即使一国政府将其领域内现存的全部金融活动纳入监管之内，仍然会有新的民间金融形式自生自发，因为民间融资的多样化需求是无穷的，新的民间金融形式就会不断涌现，国家监管无法覆盖全部的金融形态是一个永续存在的状态。从国际比较来看，有的金融形式在一国属于正规金融，但在另一国却属于民间金融。民间金融的这一特征也决定了民间金融的边界具有很大的模糊性和不确定性，不可能采取列举穷尽式的定义方式。

2. 内生性与盲目性

民间金融是自下而上自发产生的，与正规金融的自上而下的国家政府的推行恰恰相反。一国的正规金融再发达、再完善，由于成本、信息等方面的问题，仍然无法满足所有市场主体的需求。而这种内生性需求的客观存在，决定了民间金融产生的必然性。即使是在具备多层次发达金融体系、种类丰富的金融产品的市场经济国家，如美国、英国等，仍然存在着相当规模的民间金融。民间金融的产生服务于利润最大化，所以必然会与国家的经济宏观调控政策不能完全步调一致，体现出盲目性的特征。

3. 效率性与相对性

民间金融在一定程度上体现了真实的经济关系的需求。民间金融具有交易成本低、信息对称、监督成本低等天然优势。民间金融一般多是临时性的、数额较小的融资，资金周转频率较快，方便快捷。相比具有烦冗复杂的审核和评估等环节的正规金融而言，民间金融的效率较高。但需要注意的是，民间金融的效率性优势是相对的，当民间金融活动的运营范围和规模较小时往往比较有效率，而这种效率性优势会随着其规模和范围的增大而降低。例如，目前我国广泛存在的民间金融，与传统的民间借贷主要解决生活困难不同，其大部分是为了解决生产经营或投资资金的短缺，许多民间金融活动的当事人除了签订协议外，还要有一定实力的担保人，有的还到公证处进行公证，甚至有黑恶势力加入其中，此时如果对民间金融缺乏引导，可能就会导致比较大的金融甚至社会安全的风险。

4. 自律性与风险性

民间金融当事人除了一般金融形式需具备的信用关系外，还往往处于一定的地域、亲缘、职场等熟人社会关系中。这种熟人社会关系既是一种资源，能够给当事人的金融活动牵线搭桥，带来物质收益，同时也是一种约束，是一种无形的社会担保机制。这种担保机制的存在，使债务人一方在经济制裁之外还增加了别的制裁方式，从而对债务人的行为构成约束。在熟人社会中，如果债务人无法偿还债务，往往会导致其信用和声誉的评价急剧下降，接下来在熟人社会中的生活和生产都将十分困难，也就是说，不履行债务的行为不只是在直接的当事人之间产生失信效果，还将在整个熟人社会中失去信用。在民间社会，由习俗、习惯法构成的非正式的治理模式与机制，是规制民间金融的重要规则。民间金融的私人治理机制使得民间金融远远低于正规金融的监督成本。但是同时由于自律性的存在，当事人往往忽略了形式上的完备，在违约的情况下，缺乏有效的救济途径，导致了风险的发生。

3.1.2　民间金融对经济增长影响的相关理论

民间金融经历了不同的发展阶段，目前已经成为我国金融市场中不可或缺的组成部分，它在我国经济社会发展过程中的作用正逐渐被社会各界所认可[49]。但与此同时，不可否认的是，民间金融是一把“双刃剑”，它在促进经济发展的同时，也给国民经济运行和社会稳定带来了一定的负面影响。因此，通过定性与定量相结合的研究方法深入探析民间金融的正、负两方面经济效应，对于进一步理性地审视民间金融的存在与发展，使其更好地服务于我国的经济结构调整和金融市场体系建设具有重要的意义。

1. 民间金融对经济发展的积极作用

作为一种内生于经济社会发展需要的诱致性制度变迁的产物，民间金融有其存在的客观基础和现实需求，对经济运行发挥着一定的积极作用。民间金融逐渐兴起，弥补了正规金融供给的不足，缓解了市场上资金供求的矛盾，提高了金融资源配置和金融体系运行效率，促进了民营经济与农村地区经济的发展，同时也为中国的金融体制改革和创新拓展了思路。目前，无论是在经济发达地区还是落后地区，民间金融已经成为民营经济和广大农村地区融资需求的主要资金来源，在经济和社会发展中扮演着日益重要的角色，对我国渐进式改革提供了不可或缺的金融支持。

1)有效配置金融资源，缓解资金供求矛盾

尽管在为国民经济发展提供融资支撑方面，正规金融体系的地位是不可动摇的，但由于经济体系中的资金供给无法满足融资需求，加之社会金融资源的配置效率长期在低水平徘徊，这使得民间金融的产生和快速发展成为一种客观必然。客观地说，民间金融在一定程度上提高了金融资源配置效率，缓解了资金供求矛盾，有力地推动了国民经济发展。

首先，民间金融的发展有利于提高社会整体的金融资源配置效率。现阶段，我国的正规金融市场还处于国有金融机构占有垄断地位的状态，难以通过市场机制有效地配置金融资源。与此同时，各级地方政府出于地方经济发展和自身利益的需要过度干预正规金融的经营活动，运用行政手段控制贷款资金的规模和投向，严重背离了市场化原则，使金融资源配置难以做到“物尽其用”。此外，由于正规金融在信息获取上的先天缺陷，使其无法规避由信息不对称所产生的道德风险和逆向选择问题，加大了其对于资金需求者的甄别难度和成本，造成一部分资金没有能够流入真正的优质企业或高收益项目中去，而是贷给了那些收益水平一般、仅仅拥有较大资产规模和信用状况较好的企业，使得资金的总体收益率水平较低，没有得到充分、有效利用，存在着明显的金融资源闲置和浪费现象。而在民间金融领域，由于金融交易多发生在特定的亲缘、地缘和业缘等人际关系网络之内，交易范围较为狭窄，交易双方之间的信息高度共享，特别是民间金融机构对于借款人的信用水

平、还款能力、资金用途以及项目预期有着比较充分的了解。因此，一方面，民间金融机构可以凭借其掌握的私人信息做出正确的判断和决策，在不受到政策约束和有关部门行政干预的情况下，将资金配置到那些握有高收益投资机会从而持续偿付能力最有保障的企业或个人手中，最大限度地发挥资金的价值，提高整个社会的资源配置效率和福利水平；另一方面，相对于正规金融机构，民间金融机构更加惧怕违约风险，他们会更加积极地进行资金贷后的监控和追踪，同时，民间金融的关系型特征也强化了借款人的信用约束和还款责任，这些都为资金的合理、安全、高效使用提供了保证。

其次，民间金融的存在缓解了由正规金融供给不足所形成的资金供求矛盾。民间金融以高于正规金融的收益率水平吸引了大量的社会闲散资金，并通过多样化的组织形式和灵活的方式将资金汇集起来，为那些无法从正规金融渠道获得贷款的需求者特别是民营中小企业和农户提供融资支持，避免了资金供求矛盾的进一步加深，迎合了市场经济发展的需要。另外，民间金融组织的数量和规模通常会随着宏观经济形势的周期性波动而有所变化，二者呈现出一定的正向联动特征。因此，当经济处于上升期时，民间金融活动也会相对比较活跃，如果这时中央银行为防止经济过热而收紧银根，民间金融就可以发挥出经济“缓冲器”的作用，为市场中的原有资金需求者提供过渡性融资，以帮助其适应宏观政策环境的变化，这样可以在一定程度上使其避免因为市场震荡过大而陷入困境。

2)弥补正规金融不足，提高金融体系效率

在我国，正规金融供给的不足以及市场经济中复杂、多样的金融需求决定了民间金融的存在与发展有着特殊的意义。与此同时，根据金融市场理论，一个有效率的金融体系需要有多种金融产权形式通过竞争从而使市场交易实现均衡状态。而民间金融的产生在一定程度上改变了原有的金融格局，有助于构造多元化的金融产权体系，促进正规金融的创新和发展，从而形成多种经济成分和多层次的竞争性金融市场，提高整个金融体系的运行效率。

首先，民间金融弥补了正规金融的不足，满足了多样化的金融需求。民间金融以其比较优势，在正规金融网络的真空地带充分发挥了弥补正规金融缺失和满足市场主体融资需求的积极作用，主要体现在以下三点：第一，由经营目标上的以最小成本赚取最大利润、业务发展目标上的规模经济以及金融业对于风险控制方面的要求等因素所决定，正规金融主要服务于经济发展水平较高、人口密集度大并且获取信息较为便捷、成本较低的地区和客户群体，而那些地处偏僻、经济发展相对落后、人口稀疏的地区或者获取信息的成本较高的客户群体，则通常被正规金融体系边缘化甚至忽略掉。在这些正规金融业务的真空地带，民间金融却可以以其特有的在信息获取、担保机制以及交易成本方面的比较优势快速发展，较好地填补这一空白。第二，中小企业和农户等经济主体的融资往往具有需求急、频率高、数量少的特点，而正规金融机构的贷款程序通常比较复杂，操作难度比较大，处理时间比较长，难以满足这类资金需求。同时，对于商业银行等正规金融机构来说，为中小企业和农户提供融资也意味着工作量的加大和单位贷款成本的提高，而央行为贷款利率浮动设定的上限，也使其难以补偿成本上升和风险加大可能带来的损失。因此，正规金融机构出于利益最大化的需要会选择惜贷或不贷。而大多数民间金融交易手续简便，信贷合同的内容也比较简单，只列出一些基本信息，利率由交易双方协商确定或者根据市场行情决定，期限通常较短且不确定，这些特点恰恰迎合了需求急、频率高、数量少的融资特点，有效弥补了正规金融在这方面的缺陷。第三，多数民间金融组织都游离于金融监管体系之外，较少受到政策法规约束，可以更加自由、灵活地满足不同主体的个性化资金需求。与此同时，民间金融的草根性和地域性特征，使得其能够准确了解到客户的切身需要，并在资金供给和交易形式上做出相应的安排，从而更好地提供融资服务。

其次，民间金融促进了正规金融的发展和金融体系效率的提升。随着民间金融逐渐兴起并参与到金融利益的分配之中，正规金融市场被注入了更多的竞争性因素，市场机制在金融交易中的作用也被放大了。由于民间金融机构通常能够提供比正规金融机构高得多的利率，且吸收存款的方式也更加灵活，使得一些社会资金在所有者逐利本性的驱使下被转移到民间金融机构，分流了商业银行等正规金融机构的存款，打破了其对社会金融资源的垄断，加大了其在市场化背景下生存和运转的压力。这就迫使正规金融机构转变经营理念，完善管理体制，加快金融创新，提高服务水平和工作效率，有利于正规金融的长远健康发展。同时，金融业竞争关系的加强也在一定程度上促进了多元化金融体系的形成，这对于提高整个金融体系运行效率意义重大。

最后，民间金融市场更为真实地反映了区域信贷资金的供求关系。通常情况下，民间金融市场具有地域性，有着较为固定的和独立的参与方。因此，某地的民间金融发展情况、信贷资金需求变化、信贷形式和期限等变化都比较真实地反映了这一地区信贷资金的供求关系。此外，民间金融市场的利率形成更贴近于市场机制，通常采用成本加风险弥补的方式来决定利率，这种利率水平可以更为真实地反映资金的稀缺性及资金成本。民间金融可以为正规金融机构利率形成提供参考，促进金融市场的发展和完善。

3)提高社会储蓄率，促进民间资本形成

在经济学理论中，资本形成是经济增长中的重要因素，而储蓄是资本形成的前提条件和基础。金融体系的最主要功能之一就是将社会上的闲散资金聚集起来转化为储蓄，用未来消费去替代当前消费，用货币价值累积去替代实物累积，从而使储蓄能够转化为资本并投入创造价值的社会生产当中去。因此，动员储蓄能够使企业和个人的资产更加多样化，并推动技术创新的步伐，从而促进经济增长。

一方面，从成本和收益的角度来看，正规金融机构在满足规模小、频率高的融资需求时，平均交易成本将会大幅度提高，这一点在我国的农村地区显得尤为突出。因此，商业银行等正规金融机构出于经营利益最大化的需要而不愿涉足农村金融市场。近年来，随着金融领域市场化改革步伐的加快，经营效益和资金的重要性日益突出，国有商业银行的经营重心开始向经济发达的大城市和实力雄厚的大企业转移，不少县级分支机构被合并、撤销或降格。即便是专门服务于农村经济发展的中国农业银行，也逐步从农村地区撤出，将业务重点聚焦在农业基础设施贷款和一些有较好预期的项目上。这就使得农村地区的大量闲散资金无法及时、顺利地转化为社会储蓄，从而也就难以发挥出资本增值的作用。而民间金融可以通过多种灵活的方式和渠道在农村地区汇集大量的社会资金，从而提高了社会整体的储蓄率，夯实了社会资本形成的基础。

另一方面，储蓄虽然是资本形成的必要条件，但只有将社会储蓄真正转化为现实投资并投入生产建设领域，这部分储蓄才能最终发挥出促进经济增长的作用。一般来说，民间金融具有组织形式多样、交易手续简便、运作方式灵活的特点，且受到金融监管当局的限制较少，能够满足不同经济主体的多样化投融资需求。因此，民间金融存在不仅有利于将潜在储蓄转化为实际储蓄，而且由于其地域性和关系型金融的特征，使其在获取信息方面具有先天优势，能够有效克服信息不对称所带来的一系列问题，为储蓄转化为投资提供了有利条件，促进了社会资本的形成。

此外，资本形成的质量对于经济增长来说比资本数量更加重要。而我国正规金融市场中的贷款规模控制、信贷配给以及利率限制等干预手段的存在，在本质上与金融资源配置的市场化是相抵触的，造成我国的资本形成长时期以数量扩张为主，而对于投资质量重视不够。如果没有民间金融市场的兴起，那些虽有利于经济社会发展却又被排斥在正规融资渠道之外的行业和企业的合理资金需求就得不到满足，而新兴的企业和行业缺乏足够的资金支撑，社会经济的活力就会被压制，资本形成的质量会不断趋于下降，经济增长潜力也就难以被充分释放出来。由此可见，只有当民间金融和正规金融以合理的方式共同构成社会金融体系时，社会财富才能最大限度、最有效率地通过储蓄转化为投资，从而促进经济的发展。

4)促进民营经济和农村地区经济的发展

改革开放以后，社会主义市场经济体制在我国逐步确立起来，国民经济进入了快速发展的通道。伴随着改革的推进，民营经济也获得前所未有的发展空间和机遇，取得了长足的发展。特别是在东部沿海省份，大量民营中小企业如雨后春笋般“破土而出”，成为支撑地方经济增长和吸纳劳动力就业的重要力量。根据《2021年浙江省国民经济和社会发展统计公报》，浙江省 2021 年民营经济增加值占浙江省生产总值的比重预计为 67%，民营经济创造的税收占全省税收收入的 73.4%。民营经济繁荣程度可见一斑。随着企业的不断发展和业务规模的扩大，其对于资金的需求也大幅度增加，已经很难依靠自身的资本积累来满足需要。与此同时，与经济体制改革的整体步伐相比，我国的金融体制改革严重滞后，正规金融体系已经无法满足经济发展的需要，正规金融资源主要流向了国有企业，使得民营企业面临严重的融资难问题，阻碍了其发展的步伐。在这样的背景下，民间金融作为一种非正式的金融制度安排逐渐兴起，扩大了社会融资渠道，缓解了资金供求矛盾，为那些处于融资困境中的民营企业和个体工商户提供了大量资金，解了其燃眉之急。无论是经济发达地区还是落后地区，民间金融已经成为民营企业的主要资金来源，为企业的设立、发展和规模扩张提供了有力的融资支持，极大地促进了地方经济发展。可以说，民间金融的存在与发展为民营经济的成长营造了良好的资金环境。

此外，随着农村地区经济的发展，农户的生产和生活性资金需求常常会超过家庭收入水平和资金积累余额，需要从其他渠道借入资金用于发展农业生产和日常资金周转。然而，近年来，我国农村金融市场的金融抑制特征越发明显，农村地区正规金融机构“存多贷少”的问题更加突出，不但没能为农户提供资金支持，反而使得农村资金大量外流。同时，多数商业银行为降低经营成本、提高市场竞争力，加快改革步伐，经营重心向大城市、大企业集中，大规模收缩在农村地区的业务网络，造成农村金融供给严重不足，农户贷款难度加大。这种供需矛盾催生了民间金融，迎合了农村借贷周期长、频率高、抵押品不足的特点，在很大程度上缓解了农村地区资金短缺的问题，推动了农村经济的发展。

5）推动中国金融体制改革和金融创新进程

回顾改革历程，可以看出我国的经济体制改革是一种自上而下的强制性制度变迁与自下而上的诱致性制度变迁相结合的过程，而金融领域的改革主要是由政府主导的自上而下的强制性制度变迁，这一点在国有商业银行的市场化改革和资本市场的改革中体现得最为明显。这体现的是一种制度变迁需要政府强制力干预的思维惯性。而与此相对照的诱致性制度变迁，其思维逻辑是只要政府没有明令禁止的都可以去做。民间金融内生于经济社会的发展需要，正是遵循了这一逻辑的结果。因此，它是一种典型的自下而上的诱致性制度变迁的产物。这无疑会为我国今后的金融体系改革提供有益的启示和全新的思路。

此外，民间金融的发展对于中国经济渐进式改革、入世后的金融体制改革以及解除金融抑制、加快金融深化进程等，发挥着重要的作用。一方面，从现阶段来说，民间金融分流了国有正规金融机构的资金，抢占了其一部分市场份额，在一定程度上与正规金融还存在着相互竞争和替代的关系。但是，从长远来看，作为我国金融市场体系的必要组成部分，民间金融的存在和长足发展对于竞争性市场经济体制的完善以及经济结构战略性调整具有特殊意义。另一方面，加入世界贸易组织以来，我国加快了金融体制改革的进程，金融深化和自由化成为未来发展的大方向。在这样的背景之下，民间金融必将与正规金融在竞争与合作的关系中共同促进我国金融体系效率的提高以及金融制度的变迁。

再者，从某种意义上说，民间金融的产生和发展过程同时也是金融创新的过程，其中既包括组织形式的创新，也有金融产品的创新。同时，这种创新完全根植于我国社会主义市场经济体制的土壤，是立足现实国情和经济社会发展需要的产物。因此，民间金融的发展与实践，很好地弥补了金融创新理论的不足，对于正规金融体系的创新具有极大的借鉴价值。

2. 民间金融对经济发展的负面影响

通过上面的分析可以看出，民间金融在多个方面都发挥出了显著的积极作用。然而，由于自身缺陷和外部制约，民间金融带有先天的自发性、盲目性和随意性，在其快速发展的同时也给经济社会带来了一定的负面影响。一方面，民间金融活动影响了货币政策等宏观调控手段的有效发挥，干扰了金融市场的正常秩序，扩大了社会贫富差距，不利于国民经济的平稳运行；另一方面，民间金融市场中的借贷纠纷、金融诈骗、非法集资和“高利贷”等问题尤为突出，给当事人造成了巨大财产损失，增加了社会不稳定因素。

1)削弱国家宏观经济调控能力

货币政策的实施是中央政府进行宏观经济调控从而弥补市场机制缺陷的一种主要手段，承担着稳定市场价格水平和保障国民经济高效运行的重任。民间金融活动的大量存在使货币政策的实施和传导过程中的不确定性因素增多，使其在一定程度上背离了政策制定的初衷和预期目标，严重影响了货币政策效用的发挥，主要体现在以下几个方面。

一是社会资金总量和流向不易控制。在民间金融市场上，市场分割导致的贷方垄断以及高风险补偿要求使得利率长期维持在较高水平，造成民间金融市场的收益率通常会比正规金融市场高出不少，这也成为民间金融交易活动中的主要特征之一。因而大量民间闲散资金和一部分原先流向正规金融机构的资金在高收益的诱惑下纷纷向民间金融市场汇聚。这些资金游离于官方的统计和监管体系之外，使民间金融的规模不断膨胀，宏观经济体系中的流动性总量被不知不觉地放大。在这种情况下，中央银行对经济社会中的资金供给总量、结构以及流向的准确情况难以把握，从而凭借官方统计数字无法对全国或地区宏观经济运行情况做出正确判断，影响了货币政策与真实经济状况的吻合性。举例来说，在转变经济发展方式和调整经济结构的政策导向下，央行会出台相应的货币政策来引导资金投向新兴产业和服务业，加大对民生领域和薄弱环节的资金扶持力度，对于高耗能、高污染行业以及产能过剩行业的贷款要严格限制。然而，由于民间金融活动及其资金不受央行货币政策的束缚，其为市场提供的融资渠道将使政策的实施效果大打折扣。特别是，国家为保持价格总水平的基本稳定，加速经济结构转型，同时抑制房地产市场价格过快上涨，逐渐压缩商业银行信贷规模。而反观民间金融市场，金融交易的活跃程度不降反升，资金供给规模也不断扩大，与正规金融市场形成了鲜明对比，在一定程度上架空了货币政策，扭曲了其传导机制，不利于国家经济发展政策的贯彻和实现。

二是造成基础货币统计数据的失真。通常来说，基础货币包括商业银行及其他存款机构存入中央银行的法定准备金和超额准备金以及社会公众所持有的通货。它是整个商业银行体系创造存款货币的基础和源泉。虽然民间金融市场中的资金不像正规金融资金要受到政府部门的监测和管理，但民间金融体系同样具有货币创造的功能。从正规金融体系流出的资金通过在民间金融市场以非现金的存在形式进行流转。然而，在中央银行的资产负债表上，这部分资金是被记作基础货币中的现金增加部分，是以现金的形式来体现的。中央银行通过资产业务创造基础货币，因此投放或回笼基础货币是中央银行调节货币供应量的最常用方式。由于民间金融活动造成基础货币统计数据的失真，因此，在短期内，中央银行就无法有效控制货币供应量以实现宏观调控的目标，这直接削弱了政府对宏观经济运行的控制力。

三是使货币乘数的实际值大于测算值。由于民间金融不在中央银行的监管范围之内，自然也就不需要按照法定存款准备金率向中央银行缴存准备金，这就相当于民间金融的实际准备金率为零，使得整个金融市场中的平均准备金率要小于法定准备金率与商业银行超额准备金率之和。此外，由于从正规金融体系流出的资金中有一部分又进入民间金融市场，因而实际现金漏损率也要小于官方的测算值。基于以上原因，民间金融的存在造成实际货币乘数大于测算值，而这种影响的程度往往又难以准确量化，从而使得中央银行通过常规的监测和统计手段无法获得国民经济体系中的真实货币供应量数值，影响了宏观经济变量的可测性和可控性。

四是加大了货币流通速度的不稳定性。在经济学理论中，货币流通速度直接关系到货币供给量。实际经济运行中，货币供给量是以流量的形式存在的，货币流通速度又是货币流量的决定性因素，因而货币流通速度对于以货币供给量为中介目标的货币政策的效果有着重要影响。在民间金融市场上，货币政策发挥不出应有的作用，使得货币流通速度得不到及时调控从而稳定下来。具体来说，当中央银行为抑制通货膨胀而收缩流动性时，虽然民间金融也会受到政策环境的影响，但由于会有更多被排斥在正规金融渠道之外的资金需求者到民间金融市场寻求融资，造成民间金融交易反而会日渐活跃，货币流通速度也随之加快，间接加大了货币供给量，削弱了紧缩货币政策的实施效果。相反，当中央银行为刺激经济而释放流动性时，资金需求者从正规渠道融资会变得相对容易，因而民间金融的市场份额会被抢占，其发展空间也会受到束缚，这种市场低迷会在一定程度上降低货币流通速度，减少货币供给量，抵消宽松货币政策的作用。

2)高风险增加社会不稳定因素

民间金融内生于经济社会发展过程，是由民营经济和农村地区的发展需要而形成的旺盛融资需求所引致的，是一种非正式的制度安排，具有鲜明自发性、草根性和人格化属性。民间金融交易通常是建立在一定的人际关系网络之上的，游离于国家政策法规和金融监管之外，缺乏制度保障，也正是因为这一特点，资金供求双方实际上是建立了一种缺乏法律约束的信用关系，而随着地域和人际关系范围的扩大，民间借贷的法律纠纷日渐增多，使得民间金融市场始终潜伏着引发社会问题的风险。与此同时，由于组织形式不够规范、管理方式落后、经营范围狭小、资金规模十分有限以及配套制度缺位等原因，民间金融组织抵御市场风险的能力较差，也难以有效控制和降低风险，更不存在分散和转移风险的空间和余地，一旦风险被释放出来，势必造成金融秩序的混乱，甚至有可能波及正规金融市场。以合会为例，随着其会员数目的增加和相互之间了解程度的减少，盈利性功能逐渐突出，安全性就不断地下降。一般情况下，风险并不为外人所知，只有当出现倒会时，风险才以放大形式曝光。另外，民间金融市场的利率水平较高。其中，民间标会的资金成本折合成年利率大多在15%～30%之间，超过了同期贷款基准利率的4倍，远高于银行体系的利率水平。在高利率、高收益的诱惑下，人们往往会失去理性判断的能力，大量民间资金持有者以投机的心态盲目参与到民间金融活动中，吹大了民间金融泡沫，这种情况下，如果资金链条上的某一个环节出现断裂，其造成的后果都可能是相当严重的。近年来，我国民间金融市场中的借贷纠纷、金融诈骗、非法集资和“高利贷”等问题尤为突出，给交易参与者造成了巨大财产损失，增加了社会不稳定因素，对民间金融的发展形成了极大的负面影响。

3)影响正规金融市场有序运转

作为在民间金融市场上最主要的资金需求主体之一，民营中小企业通常既掌握着规模可观的民间金融资金又拥有一部分商业银行的贷款。而在一定的人际关系网络范围之内，由于民间金融合同的人际关系软约束比正规金融合同的法律硬约束的约束力更强，资金需求者即便违约，也无法摆脱其应当承担的还本付息义务，只要其家族还想在这一地区立足，这种义务最终仍然要由其子孙来继续履行，加之民间金融组织对于这些中小企业的真实情况了解得更多，二者之间的关系也更加紧密。因此，民间金融组织多数情况下能够先于正规金融机构得到企业的还款和利息支付，这在一定程度上增加了正规金融机构信贷资产的违约风险。此外，民间金融规模的不断膨胀以及民间融资高利率、高收益的特征，必然会吸引大量正规金融机构的资金转投民间金融市场，导致银行储蓄存款和信贷资金规模的萎缩，加剧了不正当竞争，影响到金融市场秩序的稳定。

4)造成一部分国家税收的流失

在正规金融部门，金融机构的日常经营以及金融交易的各参与主体都要按照国家税收法规承担相应的纳税义务，如企业和个人所得税、增值税、印花税等。而民间金融机构游离于政府监管之外，也没有在工商和税务部门登记注册，长期处于隐蔽性较强的"地下金融"状态。虽然民间金融市场的参与主体众多，交易活动十分活跃，资金收益率也明显高于正规金融，但民间融资行为一般没有正式票据，税务部门从职权范围和技术手段上都无法对民间金融参与主体进行征税，造成了国家税收的流失。另外，由于民间金融与正规金融之间存在一定的业务竞争关系，民间金融相当一部分资金量和交易量是通过挤占正规金融份额得来的，这就使得一些原本应该由正规金融机构上缴的税款被民间金融参与者占有了。

3.1.3　民间金融相关理论

1. 金融抑制理论

金融抑制理论认为金融抑制现象普遍存在于发展中国家[89]，即发展中国家的政府对金融体系进行过多干预，迫使正规金融的资源与信贷政策向国有企业或大型企业倾斜，同时，对市场利率执行管制，强制规定银行业金融机构存贷款利率，社会各部门对于资金的需求大于资金供给，而正规金融所提供的资金供给是有限的，这就会使企业和居民的融资需求难以得到满足，而这种需求就转移到了内源融资或者民间金融中。金融抑制理论的提出，对于民间金融产生的根源进行了解释，即民间金融的产生具有一定的体制性原因，当政府对金融业的运行过分干预，有限的金融资源由政府进行配给时，民间金融就会产生。

2. 制度变迁理论

该理论认为制度作为一种资源也是有限的稀缺资源，在一个平稳运行的经济体中，制度的供求往往是均衡的，但当经济体面临外部冲击时，制度供求就会变化，往往是制度的需求会大于固定不变的制度供给，此时新制度必然会产生，以适应经济体新的冲击变化[90]。从制度变迁理论来看，民间金融是正规金融发展的"边际”，制度变迁理论可以作为民间金融和正规金融共同存在的理论基础。我国民间金融的发展进程可以看作市场化趋势下发生的制度变迁，当正规金融产生的制度基础不能满足人们的需求时，制度就会发生变化，导致民间金融的产生。并且随着我国金融的不断发展，制度的变革必然会使得民间金融不断规范化，民间金融亦会走上正规化、规范化的道路，而制度变迁理论则成为民间金融和正规金融共同存在的制度基础。

3. 市场均衡理论

从理论上看，金融市场大致可以分为两类，即以商业银行、证券机构为代表的正规金融市场以及以民间金融为代表的民间金融市场。当正规金融市场的金融资源供给不足时，市场处于非均衡状态，那些不能被满足的社会融资需求就会“溢出”到民间金融市场中，由民间金融来满足[91]。在中国，银行业的垄断性较高且网点有限，很难满足所有的企业，尤其是中小企业的资金需求，并且审贷流程复杂，手续烦琐，对信息的要求高，让一些急需资金的中小企业难以及时获得资金或根本不能从银行贷出资金，在这一背景下，民间金融就得到了产生和发展。基于不完备的金融市场，该理论解释了民间金融产生的部分原因，即当正规金融不能完全满足市场的资金需求时，需求就会转向民间金融市场，因此，政府应当通过合理的引导推动民间金融健康发展，发挥其对商业银行正规金融的重要补充作用。

4. 信贷配给理论

该理论认为不完全信息下的逆向选择是信贷配给现象产生的重要原因[92]，同时认为和一般的市场一样，信息不对称也是金融市场上普遍存在的现象，即银行在发放贷款时，很难全面了解借款人的相关财务信息及还款能力，进而准确评估贷款的风险水平，如逆向选择出现，银行依据之前获得的信息来分析违约风险就会面临很大的风险。因此，银行机构为了避免过大的风险，更加倾向于为资信较好的大企业融资，很少向资质较差的民营中小企业提供资金，因此，我国部分中小企业从银行等正规金融机构很难获得足够的资金融通，银行在审贷时对中小企业的信息要求和抵押要求也更加严格。所以，中小企业转向通过非正规金融的渠道来获取所需资金，就推动了民间金融的发展。这个理论更加清晰阐述了民间金融产生的原因在于信息不对称以及逆向选择的存在。

5. 交易费用理论

交易费用理论认为，当制度的交易费用较高时，必然会有另一种交易成本更低的制度来替代它，实现社会交易费用的降低。在金融市场上，民间金融相对于正规金融具有自身的优势，具体表现为信息优势以及成本优势，因此，在满足民营中小企业融资需求上，民间金融比正规金融更具有交易成本低的优势。林毅夫和孙希芳研究发现，民间金融在信息收集和交易流程方面更为简单快捷，资金借贷中产生的交易费用也更低[11]；朱喜、马晓青和史清华通过在农村地区实地的调研和分析之后也发现，民间金融在资金借贷的交易活动中，其信息收集的成本更低，使得交易所需的费用也更少[93]。但是我们应该认识到，虽然民间金融在小范围借贷中具有成本优势，但随着民间金融规模扩大，资金来源更广，融资人更加多样化，这也造成民间金融组织的性质产生变化，民间金融的管理和信息成本也不断上升，边际成本将先下降再上升，随着规模的扩大逐渐失去相比于正规金融的信息和成本优势。

6. 金融脆弱理论

目前国内对于金融脆弱性的研究主要还是从金融风险和金融危机的角度进行探讨[94]。现有研究将金融脆弱性、金融风险和金融危机混为一谈，对于金融风险及金融危机的研究，往往仅是从一些零散的表象开始进行判断，对于金融脆弱性的理论根源探讨不多，这使得在对金融脆弱性给予政策建议时缺乏理论支持，偏离现实实际，也无法发挥政策建议的功效。因此，需要梳理金融脆弱性的基本理论和方法，特别是与我国经济发展联系较为紧密的观点和模型。由于目前国际上对于金融脆弱性研究的视角繁多，本章采取学术界的主流视角：传统信贷市场的脆弱性和金融市场的脆弱性，按照这两个线索对脆弱性的经典理论及模型进行评述。

对于信贷市场的金融脆弱性的理论探讨，最早的研究是从封闭经济中信贷市场的主体说起，它们分别是企业和银行，主要的理论包括明斯基的金融不稳定假说和克瑞格的安全边界说；对于信贷市场的金融脆弱性的探讨更一般的角度是从信息不对称、大众心理以及银行内部制度的角度进行的系列分析，其中银行挤兑论认为银行业恐慌的发生是参与主体的“暴徒心理”和“歇斯底里”行为作祟。

金融市场的金融脆弱性表现为金融资产价格的过度波动，这种波动也是金融体系脆弱性累积的重要来源。一般认为，任何影响资产未来收入流量的心理预期都会引起资产价格的波动。金融市场价格定价的过程受不完全信息的影响较大，因此具有一种内在不稳定倾向，这种倾向导致金融资产价格经常处于波动之中，不同的资产价格会呈现出不同的波动特征，在金融市场中又相互作用、相互影响，引发了金融脆弱性。

7. 农村金融市场论

农村金融市场论是基于农业补贴信贷论的缺陷，结合金融抑制与金融深化理论而提出的。金融制度发展情况影响经济发展状况，经济的发展反过来也会影响金融发展，这是农村金融市场论的基本逻辑[95]。因此，必须通过“金融深化”以减少政府对金融的干预，将市场充分运用起来以激发人们的投资热情和储蓄积极性，进而消灭“金融抑制”，推动金融和经济发展的良性循环。

农村金融市场论拥有这样的观点：第一，农村居民和贫困阶层并不是完全没有储蓄能力的。很多发展中国家实践表示，很多贫困农户在政府激励的引导下或在储蓄机会的吸引下，也会发生储蓄行为，所以不需要推动外部资本进入农村。第二，低息贷款政策的推进使人们更加不愿意在金融机构存款，侧面阻碍了金融发展。第三，之所以贷款回收率会不断下降，是因为运用资金拥有较高的外部依存。第四，因为在农村存在着很多的机会成本，所以我们可以理解非正规金融利率高的现象。

农村金融市场论认为：之所以缺乏农村金融资金，金融无法顺利发展，是因为很多不科学的金融安排存在于农村金融体系之中，和农民的能力没有关系，例如政府管制、利率控制等。要在一定程度上抑制政府在金融市场中的干预，将金融市场自身的作用充分发挥出来，从而实现利率市场化、平衡农村资金供求，取消特定目标贷款制度，适当发展非正规金融市场。

3.1.4 金融体系稳定性相关理论

1. 金融不稳定假说

明斯基将“金融脆弱性（financial fragility）”这一概念引入经济周期变化的金融研究中，进而提出了“金融不稳定假说”。该理论认为金融体系脆弱性来源于借贷活动的内在不稳定性，在经济平稳发展的时期，市场上以对冲型融资为主，此时金融体系较为稳定[96-97]。在经济及金融快速扩张的阶段，实体与银行部门提高了对未来发展的预期，其想获得的预期收益也上升，这些部门对利润和收益的追求使得投机型融资增加，如果对经济形势过于乐观，信贷规模不断扩大，会使投机型融资发展为庞氏型融资，即债务人的预期收入不够偿还利息，债务不断增加，在金融市场中存在着大量庞氏型融资人，风险也在不断积累。此时，对资金的高亢需求使市场利率大幅上升，导致企业债务负担加重，面临较大的债务违约风险；同时利率上升与投资收益下降也可能迫使企业抛售资产，但是如果大量企业出现问题抛售资产，该行为在市场中大规模出现，资产的定价体系也将受到影响而不再有效，最终该风险会对宏观经济以及金融体系产生冲击，金融脆弱性加剧并最终可能导致危机爆发。

2. 金融经济周期理论

20 世纪 80 年代，Collins 等人认为金融体系不稳定主要是受到金融活动内部冲击的影响，金融活动内部冲击形成的风险会在金融体系传导，并被放大，形成影响金融稳定的长期因素[98]。金融经济周期理论的核心观点是经济存在商业周期，即包括经济复苏、扩张、衰退时期。在经济复苏或快速扩张时期，市场上的投资者无疑对未来持高度乐观态度，对投资前景充满信心，企业也会盲目扩大再生产，此时银行也会在较高投资回报的预期下非理性地向投资者和企业提供信贷，从而导致经济泡沫以及投机泡沫产生；然而待经济周期到了经济衰退期，投资者与企业又陷入过度悲观态度，预期经济前景一片惨淡，又非理性地抛售金融资产或减产，从而容易引发金融体系不稳定，甚或引致金融危机。

3. 货币主义与信息不对称理论

货币主义认为货币供应量增速的变化增加了金融危机发生的可能性，认为货币因素是引发金融体系不稳定的重要主导因素[99]；信息不对称理论认为信息的不对称情况使贷款机构面临更大的风险，这种信息不对称以及相应的逆向选择会增加金融体系的脆弱性[100]，信用的下降可能会产生投资者的“羊群效应”，最终使金融业相应机构的资产质量下降、规模减小，导致金融体系的稳定性下降。

3.1.5　基于理论的一般性分析

金融抑制理论认为民间金融的产生具有一定的体制性原因，当政府对金融业的运行过分干预，对于有限的金融资源由政府进行配给时，民间金融就会产生。同时，制度变迁理论认为制度作为一种资源也是有限的稀缺资源，在一个平稳运行的经济体中，制度的供求往往是均衡的，但当经济体面临外部冲击时，制度供求就会变化，往往是制度的需求会大于固定不变的制度供给，此时新制度必然会产生，以适应经济体新的冲击变化。可见，金融抑制理论和制度变迁理论为民间金融的产生提供了合理的依据,民间金融的产生和发展既是经济体制自身局限性的产物,也是人们对经济制度变革需求的产物,表明民间金融的存在具有一定合理性。与此同时,由市场均衡理论看出,民间金融是正规金融市场发展不充分、信贷配给现象严重的产物,其来源于正规金融市场的外溢,与正规金融市场之间有着密不可分的关系。信贷配给理论和信息不对称理论揭示了银行等正规金融体系由于存在信贷配给和对客户的信息不对称等原因,偏向于为资信较好的大企业融资,中小企业尤其是民营企业,由于自身规模较小、抵押物不足,很难从正规金融体系贷出资金,民间金融为中小企业的发展提供了必要的资金支持。在小范围的交易规模下,相比于正规金融,民间金融具有信息和成本的相对优势,在处理信息不对称问题方面更具优势。此时,民间金融就成为正规金融的合理补充,在这种情况下,民间金融的风险也较小,对金融体系稳定的影响也比较小。

交易费用理论认为,当制度的交易费用较高时,必然会以另一种交易成本更低的制度来替代它,实现社会交易费用的降低。在金融市场上,民间金融相对于正规金融具有自身的优势,具体表现为信息优势以及成本优势,因此,在满足民营中小企业融资需求上,民间金融比正规金融更具有交易成本低的优势。根据交易费用理论,民间金融的运行能够有效降低资金借贷过程中的各种交易费用,从而改进整个信贷市场的配置效率。但是如果民间金融的规模过大,姜旭朝和丁昌峰认为民间金融的交易主体和范围会随着规模的增大而扩大,交易会超出原先熟悉的群体,贷款人对交易的控制能力减弱,民间金融的管理和信息成本也快速上升,贷款的边际成本也上升,逐渐失去相比于正规金融的优势[10]。

金融不稳定理论与金融经济周期理论揭示了金融体系的脆弱性,认为非理性的投机和非理性的预期会催生金融泡沫,而这一投机泡沫在经济周期转变或其他因素的影响下会面临破灭,进而对金融稳定产生影响。当民间金融的规模非理性地快速扩张时,一方面,其交易成本会加速上升,边际成本和平均成本高于正规金融,成本的增大增加了民间金融的风险;另一方面,民间金融规模过大超出了其经营的传统地域范围,由于民间金融在筛选客户和防范风险方面的专业化程度也低于正规金融,贷款人对于信息的掌握程度就会越来越低,风险的把控能力也越来越差,一旦发生损失更加难以收回款项。因此,当民间金融规模过大时,其所蕴含的风险更大,爆发风险事件的可能性也更大。因此,我们认为,对于民间金融对金融体系稳定性的影响效应认识应是:民间金融作为正规金融的补充,既可能发挥积极作用，对金融体系产生正向影响，也可能由于其非理性扩张及本身蕴含较大的风险，对金融体系产生负面影响，从而在此可以直观地判断，为保持金融体系的稳定，民间金融在特定时期特定区域应存在适度规模。

3.2　民间金融对金融体系稳定性的影响效应分析

3.2.1　民间金融对金融体系稳定性的正向影响效应

1. 促进宏观经济发展以及金融体系稳定

众所周知，民营经济发展对我国经济快速发展具有突出贡献。然而，相比于国有企业等大型企业，民营中小企业在融资方面更为困难，正规金融机构由于信贷配给和信息不对称等问题对中小企业的支持不够，民营经济的融资需求很多寻求于民间金融渠道。同时，民间金融自身独有的信息方面优势及灵活便利的优势，也可以根据中小企业的风险高低来灵活调整利率。因此，可以说民间金融很好地满足了民营中小企业的融资需求，助力了民营经济的快速成长，对中国经济增长带来重要推动作用，宏观经济的健康发展也有利于金融体系的稳定。

2. 促进金融创新，丰富金融产品体系

民间金融灵活多样的特点使民间金融在金融创新方面颇有建树。从20世纪70年代以来，金融领域的许多创新，如提供更高收益和流动性的大额可转让定期存单、可自由流通且利率高于活期存款的可转让支付命令账户、兼具低成本和高流动性的票据发行便利等，都是为了规避严格的政府金融管制以及满足客户对于金融服务的需求而产生的，且都产生于民间金融市场的交易中，进而通过不断的规范发展，最终成为成熟的金融创新产品。姜旭朝、丁昌锋认为民间金融游离于正规金融体系之外，不受政府监管部门的监管，其运行更具市场化以及灵活性，因此在满足金融需求时更容易进行金融创新，完善金融产品体系，有利于金融系统的稳定[10]。

3. 与正规金融形成互补，完善金融体系

由于金融抑制的存在，民间金融得以产生，以更好地满足市场金融需求。邓妮娟研究表明，民间金融基于三缘关系产生，其运行具有灵活性，其能够支持的领域更加广泛[101]；同时，民间金融的资金来源于民营经济以及民间个人，也运用于民营经济或个人，更好地满足民营企业的融资需求，解决了民营中小企业的融资难问

题，弥补了正规金融的缺失，为金融体系的健康发展提供了支持，促进了金融体系的稳定。彭芳春和耿康顺研究发现，民间金融推动中小企业发展，而成长起来的中小企业更偏向通过正规金融融资，因此民间金融也间接推动了正规金融的发展，促进金融体系整体稳定性的提高[102]。

4. 促进金融市场竞争，提高金融体系效率

民间金融的产生和发展使得投资者并不需要完全依赖于正规金融，金融市场中存在了竞争因素。民间金融对正规金融的经营运转形成了影响与挑战，也为正规金融的调整和改革提供了可以参考借鉴的机制和模式，从而以相互竞争提高了整个金融市场的运行效率，促进了金融体系的稳定发展。

3.2.2 民间金融对金融体系稳定性的负向影响效应

1. 影响货币政策调控，导致金融体系稳定性减弱

民间金融的一个特点就是利率较高，对收益的追逐会诱导大量资金流出银行体系，流入民间金融市场。张海波和覃宏辉研究发现我国存在明显二元经济结构特征，民间金融市场与正规金融市场两个市场的价格迥异，民间金融市场利率很高，正规金融市场利率较低，从而使央行制定的货币政策传导机制受阻，调控效果大大降低[103]。陈忠陆、林明光[104]发现民间金融与正规金融具有此消彼长的关系，民间金融的快速增长导致正规金融规模有一定程度的收缩，从而致使央行的货币政策调控效果减弱；民间借贷诱导大量资金在正规金融体系之外循环，使金融市场的统计数据准确性减弱，使宏观分析及预测的准确性也降低。并且，民间金融受国家货币政策和产业政策的制约较小，其资金投向主观性较强，可能会造成盲目的投资和低水平的重复建设，民间金融的高利率也可能使企业难以承受较高的成本而破产，这些因素都不可避免地削弱了国家的宏观调控效果，不利于金融体系稳定。

2. 干扰正规金融体系的秩序

民间金融具有隐蔽性，游离于监管层监管范围之外，自由化色彩较高，且缺乏完善的风险防范机制，出现风险后的控制能力也较弱。民间金融的高利率一方面会影响金融体系的稳定，诱导大量资金进入民间金融市场，干扰了正常金融秩序；另一方面，过高的利息也加大了债务人的还款压力，一旦债务人由于成本过高难以偿债，其在正规金融机构的贷款也会受到影响，这些风险因素对于正规金融机构的

资金构成了一定的威胁。

3. 民间金融的高利率风险影响金融体系稳定

民间金融的借贷利率普遍较高，且不受监管部门的管制。金融市场利率的高低会影响到资金的需求量。罗亦丹研究发现，民间金融市场是一个高度市场化的市场，其利率受市场供求变化，市场供求变化不可预测，那么利率变化也充满不确定性，因此民间金融具有较高的利率风险[105]。民间金融市场较高的利率也会诱使人们为了获得更高的收益而进入民间金融市场，参与民间借贷，这样就使得正规金融市场的资源被挤压，一部分资金流入民间金融市场中，一方面会减少正规金融市场上的资金量，另一方面民间金融市场较高的利率也蕴含着较大的风险，一旦资金链断裂等情况发生，民间金融市场的风险也会传导至正规金融市场。

4. 民间金融的信用风险导致金融体系的不稳定

正规金融机构在审贷时有一套全面完整的评价体系，能够全方位地评估借款人的风险状况，降低贷款可能带来的风险。而民间金融的专业性较差，缺乏完整的评估体系，主要是以熟人之间的了解及经验判断作为评估借款人的方式，在民间借贷范围较小的情况下，借贷双方的关系较为紧密，了解程度也更高，不易产生风险，但是民间借贷的经营范围一旦过大，超出了贷款人的了解范围，民间借贷的信用风险就变得更高，并且由于信贷缺乏足够的监管，更容易产生信用风险，一旦资金来源于正规金融市场，民间金融的信用风险很容易传导至正规金融市场中。张青庚研究发现，民间金融在无序发展的同时，会不断加剧正规金融机构的信用风险[106]。

5. 增加社会不稳定因素

由于民间金融处于金融监管部门的监管范围之外，且还没有建立民间金融风险控制的机制，因而民间金融的借贷双方的约束机制依然靠民间的人格化合约维持，但是随着民间金融规模的扩大，人格化合约约束机制逐渐失效，民间金融风险暴露事件不断出现，规模也越来越大，无疑其可能造成恐慌引发羊群效应，会对金融体系的稳定性造成负面影响。

由前文可知，民间金融能够从促进宏观经济发展、促进金融创新、与正规金融形成互补以及促进金融市场竞争四个方面对金融体系稳定性产生正向影响，同时，从影响货币政策调控减弱金融体系稳定性、影响金融秩序正常运行以及民间金融的高利率风险影响金融体系稳定、民间金融的信用风险导致金融体系的不稳定、民间金融发展增加社会不稳定因素等方面分析民间金融对金融体系稳定性的负向影响，因此，在此提出如下研究假设。

研究假设 1:民间金融对金融体系稳定性具有显著的影响效应。

3.3 民间金融对金融体系稳定性影响效应的传导机制分析

金融系统一个很重要的功能是将储蓄转化为投资，具体来讲，金融体系可以将银行等金融机构的储蓄资金转化为企业投资，企业投资又可以转化为消费，抑或是转化为支持贸易企业出口发展的资金，进而促进宏观经济发展，宏观经济发展无疑又影响到金融体系的稳定性。聚焦于我国而言，我国的经济增长方式还未转变，依然是传统的粗放型靠投资拉动的方式，这种模式过度依赖需求侧的投资，一旦投资发生变化，经济就会发生显著波动。同时，这种模式的过度投资的资金来源主要是银行贷款，若经济过热时，投资过度导致正规金融的贷款过度，然而经济一旦下滑，商业银行等正规金融机构就会出现大量不良贷款，对金融体系的稳定性冲击很大。且从投资的结构及投资产业分布看，投资的产业结构往往不合理，区域也不平衡，这种投资引致的金融分布不平衡也会导致金融体系的稳定性受到影响。当前，我国民间金融规模不断扩大，民间金融机构的资金主要来自民间企业、个人投资者以及正规金融机构，民间金融的规模巨大，已达到全社会融资总额的半数以上(刘希章等)，民间金融的发展势必会影响到全社会的投资、消费以及贸易显著变化，进而使得民间金融的发展对于金融体系稳定性的影响效应不可小觑(见图3-1)。

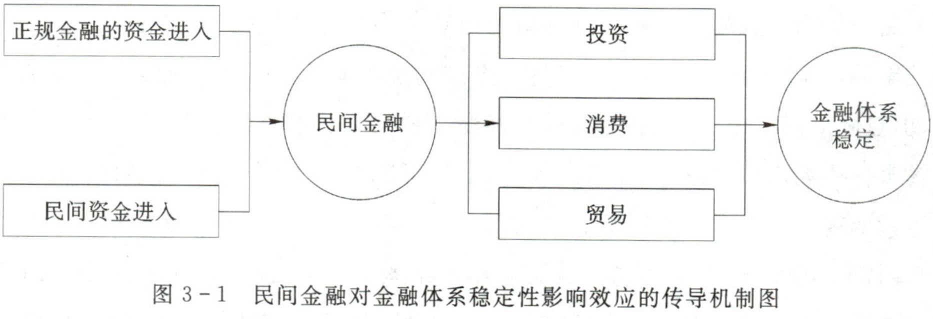

图 3-1 民间金融对金融体系稳定性影响效应的传导机制图

从宏观上看，民间金融的重要功能无疑是将储蓄转化为民营企业贷款，也可能是转化为支持民营贸易企业出口发展的资金，进而转化为企业投资以及消费，将引起整个市场需求的变化，从而影响宏观经济，宏观经济扩张或收缩进而影响到金融体系的稳定性。我国的经济发展长期过度依赖投资和贸易，且经济增长的投资与出口过分依赖贷款资金的投放，因此民间金融规模的变化势必影响实体宏观经济的资金供应情形，引起投资、消费以及贸易的变动，进而会影响宏观实体经济波动，最终影响到金融机构和金融市场的稳定性。具体来看，民间金融通过投资、消费及贸易影响金融体系稳定性。

我国金融体系有其特殊性，二元金融结构特征明显，即大型国有商业银行多面向国有企业发放贷款，而众多的民营企业大多只能从民间金融渠道获得贷款，可见，民间金融是我国当前经济金融体制下的必然产物。当前经济发展水平较高，社会经济系统积累了大量资金，但财富资金是以分散个体、分散的小额存在着的，这就构成资金供给者的群体，由于逐利等因素的人性存在，他们往往同时具有资金增值的需求；经济系统中存在大量的民营企业，由于特定经济活动需要，时常存在资金需求，且大多时候是相对大额的需求，这就构成社会资金需求者的群体，但由于资质、体制等因素的影响，他们的资金需求从正规金融机构很难满足。由此民间金融顺应了这种需求缺口而产生，它搭建了资金需求者与资金供给者的桥梁，实现资金供求均衡的同时，也使闲置资金或储蓄顺利转化为投资或消费。若民营企业从民间金融渠道获得的资金用于扩大再生产，那么社会闲置资金或储蓄就转化为投资，投资随着时间的推移逐步转化为消费，进而推动宏观经济发展，促进金融体系的稳定；若民营企业从民间金融渠道获得的资金用于购买消费，那么此时的社会闲置资金或储蓄就转化为短期即时消费，引起宏观经济波动，也会影响到金融体系的稳定性。

同时，对外贸易对于我国十分重要，进出口在我国GDP中的份额很大，而对外进出口企业中很多都是民营企业，这些民营企业的融资来源也主要是民间资金渠道，因此，民间金融规模的不断发展，势必为对外贸易型民营企业提供更多的融资资金，更好地解决对外贸易型企业的融资难问题。这一方面促进了对外贸易型民营企业的快速健康发展，反过来对外贸易型民营企业经营良好又会及时偿还贷款，防范了民间金融风险；另一方面，对外贸易型民营企业的良性发展又有利于我国对外贸易的长期可持续高质量发展，最终促进宏观经济发展，确保我国整个金融体系的稳定。

根据前文分析可知，民间金融对金融体系稳定性影响效应传导机制主要是投资、消费、贸易三个渠道，本书实证部分将实证检验民间金融对金融体系稳定性影响效应传导机制存在的问题，在此提出如下研究假设。

研究假设 2：民间金融通过投资效应、消费效应以及贸易效应渠道对金融体系稳定性产生影响效应。

同时，在不同的时间阶段以及空间区域，民间金融对金融体系稳定性的影响效应传导机制可能存在差异，因此，提出如下研究假设。

研究假设 3：民间金融对金融体系稳定性产生影响效应的作用路径存在时间效应以及空间效应。

学术界普遍认为民间金融相对于正规金融具有信息优势，交易成本也较低[10,107]，然而，卢斌、沈俊、姜祥林发现民间金融逐步发展到跨区域跨行业满足企业的融资需求时，民间金融的信息优势无从谈起，搜集信息变得困难[108]；李源、杜知霖、宋亚兰也认为随着民间金融交易规模的扩大，涉及半径的拓宽，民间金融的信息劣势更加明显，信息不对称加重[109]。事实上，聚焦于本书主题，由于各区域经济发展水平、市场化水平、政策制度等方面存在差异，因此，民间金融对金融体系稳定性的影响存在门限效应，即民间金融发展存在适度规模，因而提出如下研究假设。

研究假设 4：民间金融对金融体系稳定性的影响具有门限效应，且民间金融发展存在最优相对规模。

基于以上研究假设以及研究目标，本书将从民间金融与金融稳定性的特定现状出发，测度民间金融发展规模，构建金融体系稳定性综合指数，剖析民间金融对金融体系稳定性的作用机理，深入探讨民间金融对金融体系稳定性的时间与空间异质性效应，揭示民间金融与金融体系稳定性发展的最优关系。据此，提出如上的研究假设，主要包括：民间金融对金融体系稳定性具有影响效应；民间金融可以通过其投资效应、消费效应及贸易效应影响金融体系稳定性，但这种影响渠道具有时空差异效应；同时，由于各区域经济发展水平、市场化水平、政策制度等方面存在差异，因此，民间金融对金融体系稳定性的效应存在门限效应异质性。本书将在下文实证部分对这一理论研究假设予以实证检验。

3.4　本章小结

首先，本章介绍了民间金融的特征、民间金融对经济增长的影响、民间金融相关理论和金融体系稳定性相关理论；其次，基于经典理论分析民间金融对金融体系稳定性影响效应：结合中国实际从正反两方面分析民间金融对金融体系稳定性的影响效应，主要包括民间金融对金融体系稳定性的正向影响效应以及负向影响效应，其中从论证民间金融促进宏观经济发展、促进金融创新、与正规金融形成互补以及促进金融市场竞争四个方面分析了民间金融对金融体系稳定性的正向影响效应，从影响货币政策调控减弱金融体系稳定性、影响金融秩序正常运行以及民间金融的高利率风险影响金融体系稳定、民间金融的信用风险导致金融体系的不稳定、民间金融发展增加社会不稳定因素等方面分析了民间金融对金融体系稳定性的负向影响效应；最后，重点分析民间金融对金融体系稳定性影响效应的传导机制，即从投资、消费、贸易三个渠道分析了民间金融对金融体系稳定性影响效应的传导机制。

第4章 民间金融与金融体系稳定性的特征事实

4.1 民间金融发展的特征事实

1. 我国民间金融的历史演变

我国民间金融的发展历史较为悠久，封建社会就有一些传统的民间金融组织，如钱庄、当铺等，还有互助性质的民间合会，可以说民间金融的组织形式多种多样。在1949年新中国成立之后，我国进行了社会主义改造，经济体制转变为计划经济体制，即政府指导的计划经济控制着经济活动。在这一时期，民间金融被定性为非法活动，我国的民间金融几乎被完全禁止，据统计，在新中国成立初期，我国有规模较大的钱庄超过1000家，典当行超过500家，但是经过了新中国成立后的整顿，到1950年，钱庄只剩下357家，典当行206家[110]。在之后的社会主义改造进程中，民间钱庄和典当行也被改造为公私合营的贷款处和银行。在这一时期，除了亲友及熟人之间的借贷行为，我国几乎不存在其他的民间金融形式。1978年十一届三中全会开启了我国经济体制改革的浪潮，在这之后，非公有制经济得到了快速发展，国家对于民间金融的打压态度也发生了转变，再加上我国的正规金融发展并不完善，信贷资金并不能完全满足经济发展的需要，我国的民间金融在这一时期也随之活跃起来。但是，这一时期的民间金融仍处于探索阶段，加之其本身蕴含的风险以及缺乏监管等问题，民间金融的各种乱象，例如非法集资等事件层出不穷。国家由此对民间金融展开了大规模的整顿活动，1998年颁布了《非法金融机构和非法金融活动业务取缔办法》，1999年在全国范围内取缔农村合作基金会，从此民间金融也进入发展缓慢时期[111]。

21世纪以来，国家又开始鼓励民间金融的发展。2005年，国务院颁布《国务院关于鼓励支持和引导个体私营等非公有制经济发展的若干意见》(被称为“旧36条”)，随着民营经济发展，民间金融也迅速发展起来；2010年，国务院又颁布《国务院关于鼓励和引导民间投资健康发展的若干意见》(又称“新36条”)，民间投资与民间金融得以进一步发展。2014 年,《国务院关于创新重点领域投融资机制鼓励社会投资的指导意见》发布,2016 年,《国务院办公厅关于进一步做好民间投资有关工作的通知》又得以出台,这些政策文件无疑刺激并大力促进了民间金融的快速发展,从而使民间金融进入蓬勃发展阶段。据本书的测算结果,我国民间金融发展迅速,2006 年民间金融占 GDP 比重为 0.158,2018 年该占比为 0.713,十三年间民间规模增加了 3.5 倍。

2. 民间金融的特点

民间金融的特点主要包括隐蔽性、区域性、分散性以及多样性。

第一,隐蔽性。相比于正规金融,民间金融发生在监管机构的监管范围之外,民间金融的交易双方也不愿交易公开化,这使民间金融的风险无法得到及时的监测和控制,很难进行有效的风险防范。

第二,区域性。民间金融的产生依赖于血缘或者地缘,其产生和发展的初期多存在于小范围内,借贷双方的了解程度也非常高。民间金融发展与地区的经济发展程度也是有关联的。在经济较为发达的地区,金融业发展较好,金融资源丰富,正规金融能够满足大部分的资金需求,因而民间金融的相对规模较小,对正规金融的替代作用有限。在经济发展程度相对较低的区域,正规金融的发展程度低于经济发达的地区,民间金融业更加活跃,以面向企业的融资贷款为主,如湖南等省份。

第三,分散性。民间金融资金来源广,参与主体多。传统的民间金融多为熟人借贷,随着民间金融规模的扩大,借贷双方参与的人数更多,脱离了熟人借贷中"三缘"的社会网络,交易双方突破传统人格化的交易机制,交易的地域范围也从小范围扩展至更大的,甚至和传统交易并不相关的范围。目前,我国民间借贷的分散性更加明显,很多个人、企业及非银行信贷机构参与民间金融。随着参与人数和地域的扩大,借贷双方的关系更加交织复杂,借款者与贷款者的直接信息渠道被割裂,借款者只能获得一些间接的信息,维护小范围民间借贷的声誉机制失效,基于传统社会网络的信用惩戒手段失去效果,使借贷资金的安全性和收回的可能性更低。

第四,多样性。首先是参与的主体多样。传统的民间金融活动参与主体单一,多为熟人借贷,多存在于农村地区。如今,民间金融的参与主体扩展到了城乡居民、个体及私营企业等。其次,形式多样化。民间金融的形式包括了传统的私人贷款、合会、典当行、地下钱庄等，还包括了小额贷款公司、私募基金、网络借贷、私人集资和职工集体融资等形式。最后，民间金融的利率和期限也同样多样化。民间金融借款人多种多样，其信用等级、借款的期限和用途等存在很大的差异，民间金融的合约也没有固定的格式和要求，利率和期限由双方商议来确定，因此民间金融的利率定价和期限要求存在很大的差异，相比于正规金融更加灵活，但总体而言民间金融的借款利率较高，也能够体现出对获得暴利的追逐。

4.2 金融体系稳定性的特征事实

党的十九大报告提出了三大攻坚任务，第一个就是防范化解重大风险，这其中就包括维护我国的金融稳定，表明我国政府对于金融体系的稳定及金融风险的防范越来越重视。《中国金融稳定报告2018》明确，随着我国对于重大金融风险的化解，我国金融体系的稳定性进一步增强，但同时，我国经济金融体系中仍然存在可能引起不稳定的风险因素，周期性风险和体制性矛盾也蕴含着一定风险，在金融和经济的运行中也存在着一些结构性的矛盾，周期性的金融风险事件也可能会逐渐暴露，因此对金融体系的风险也要高度重视。下面主要从宏观经济、金融机构、金融市场等方面阐述金融体系稳定性的特征事实。

1. 宏观经济

2018年，我国的GDP首次超过了90万亿元，同比增长了6.6%，宏观经济保持快速增长。消费者价格指数(CPI)上涨2.1%，涨幅较上年有所提高。财政收入方面，2017年，财政收入稳步增长，同比增长7.4%；截止到2017年底，我国的宏观杠杆率为248.9%，相比上年提高2.4%，债务规模依然较大，但杠杆率增幅较低。2017年，我国城镇登记失业率同比下降0.12个百分点，居民人均可支配收入同比增长7.3%。总体上，我国宏观经济发展势态平稳，稳中向好，但企业杠杆率总体较高，防范金融风险的任务仍然艰巨。

2. 金融机构

银行业总体稳健运行，但不断显现风险点，主要表现为：截至2017年末，我国银行业金融机构的资产总额同比增长8.7%；负债总额同比增长8.4%；不良贷款余额达2.39万亿元，同比增加了1957亿元，不良贷款率达1.85%，同比下降0.06个百分点。商业银行资本较为充足，核心一级资本充足率、一级资本充足率、资本充足率分别为10.75%、11.35%、13.65%。银行业金融机构资产利润率、资本利润率均有所下降，同比分别下降 0.05 个百分点、0.7 个百分点。银行业金融机构表外业务同比增长19.17%，总额达 302.11 万亿元。总体来看，银行业稳健发展，抵御风险的能力较强，但发展增速放缓，盈利能力减弱，表外业务快速扩张，风险隐患应该得到关注。

保险业方面，2017 年保险业总资产同比增长 10.8%，达 16.75 万亿元；保费收入同比增长 18.36%，达 3.66 万亿元；保险投资收益同比增长 18.12%，达 8352 亿元。但保险资金运用投向存在风险，例如在债券和基础设施项目等配置较多，保险资金参与多层嵌套和通道业务，投向模糊以及保险资金投向房地产等高风险领域等。除此之外，保险业的盈利能力和盈利空间有所收窄，部分公司流动性风险突出，偿付能力存在较大压力。

证券业方面，证券公司 2017 年资产总额同比增长6.02%，达 6.14 万亿元；证券公司盈利能力有所下降，2017 年营业收入同比减少 5.26%，为 3113.28 亿元；净利润同比减少 8.47%，为 1129.95 亿元。可见，证券公司总体风险可控，但部分公司在实际出资和股东真实性方面存在违法违规问题，具有一定风险隐患。

3. 金融市场

2017 年，我国的金融市场总体平稳运行。2017 年 12 月 29 日，隔夜质押式回购、7 天质押式回购加权平均利率分别为 3.59%、5.42%，较年初分别上升 143 个和 265 个基点；隔夜 Shibor 较年初上升 63 个基点至 2.84%。债券市场中，国债收益率波动性有所下降，但债券市场信用风险有所上升。股票市场总体平稳运行，没有出现大的风险事件。外汇市场中人民币对美元汇率在岸市场收盘价报 1 美元兑 6.5120 元人民币，较上年末升值 4375 个基点，升值幅度为 6.71%，人民币汇率弹性明显增强，预期总体平稳。

4. 其他方面

根据《中国金融稳定报告 2018》，中国人民银行在 2018 年第一季度对 4327 家金融机构进行了首次评级，其中风险等级较高占比为 10.58%，风险较高的金融机构涵盖了农村信用社（235 家）、村镇银行（109 家）以及农村商业银行（67 家）。另一方面，报告指出我国住户部门 2017 年负债余额 40.5 万亿元，同比增长 21.4%，负债主要包括了消费贷款和经营贷款，除了传统的从金融机构获取资金外，其他重要的融资渠道为互联网金融、民间借贷以及典当行。值得注意的是，2013—2017年，我国的P2P网贷行业贷款余额年增长率高达159%，民间借贷以及互联网融资均存在逾期无法偿还的风险，这也是影响我国金融稳定的重要风险因素。

4.3 民间金融规模测算

4.3.1 民间金融测算方法确定

目前许多学者都采取不同的方法来估算民间金融规模，其中最主要的包括直接测算法和间接测算法。第一，直接测算法。直接测算法，顾名思义，是指通过实地考察调研获取相关数据，再根据样本与总体的比例来估算各地民间金融的规模，或者将民间金融分成几个组成部分，通过分别计算各个组成部分的规模，来加总求和得到民间金融的规模。例如郭沛、李建军在测算我国农村民间金融规模和非正规金融规模时均采取了直接测算法。第二，间接测算法。间接测算法则是以现有的相关统计数据为基础，在一系列的假设前提下，通过社会融资规模与国内生产总值的比例关系来估算民间金融的规模。间接测算法最早是由李建军在《中国地下金融调查》一书中提出的，此后，彭芳春、易远宏、赵鑫、牛犇、欧文、张磊磊、钟琛、范春琴、李健和卫平、董雯等学者采用该方法，并不断进行改进，测算了我国的民间金融规模。

相比而言，直接测算法需要找到直接的数据，需要大量的调研来获取数据，其数据也只能够作为总体的一部分样本，并不具有整体代表性。间接估算法的假设条件比较苛刻，与实际情况并不一定相符，但其数据来源于官方而且可得性较高。通过比较，本书决定利用间接测算法，即此处在测算民间金融发展水平时主要参考李健和卫平的思路[112-113]。

具体测算方法是：将经济体中的金融需求主体分为两类，一类是农户，一类是私营企业和个体经济主体。在此我们假设农户正规贷款满足率为M_{LF}，即正规金融部门对农户的贷款占比；私营企业和个体经济主体的正规贷款满足率为M_{LE}，即正规金融部门对私营企业和个体经济主体的贷款占比；农户、私营企业和个体经济主体总体的正规贷款满足率为M_{LS}，即正规金融部门对农户、私营企业和个体经济主体总体的贷款占比。同时假设经济体中单位GDP需要的正规金融贷款需求为

N_{YL}，我们称之为单位 GDP 贷款系数，因此 N_{YL}=LOAN/GDP，其中，LOAN 代表全社会当年贷款总额；同理，农户的单位 GDP 正规贷款系数 N_{YLF}以及私营企业和个体经济主体单位 GDP 正规贷款系数 N_{YLE}分别等于相应贷款除以 GDP，由于正规金融的贷款并不有效满足农户、私营企业等中小经济主体的融资需求，由此我们定义中小经济主体的正规金融贷款满足程度等于单位 GDP 正规贷款系数与社会经济单位 GDP 贷款系数的比值，因而农户、私营企业和个体经济主体以及三者总体的正规贷款满足率分别表示为

$$M_{LF} = N_{YLF} / N_{YL} \tag{4-1}$$

$$M_{LE} = N_{YLE} / N_{YL} \tag{4-2}$$

$$M_{LS} = N_{YLS} / N_{YL} \tag{4-3}$$

假设农户创造的 GDP 用 Y_F表示，私营企业和个体经济主体创造的 GDP 用 Y_E表示，农户、私营企业和个体经济主体三者总体创造的 GDP 用 Y_S表示。农户的民间金融规模用 NOL_F表示，私营企业和个体经济主体的民间金融规模用 NOL_E表示，则农户、私营企业和个体经济主体三者总体的民间金融总额用 NOL_S表示，因此有

$$NOL_F = N_{YL} \times Y_F \times (1 - M_{LF}) \tag{4-4}$$

$$NOL_E = N_{YL} \times Y_E \times (1 - M_{LE}) \tag{4-5}$$

$$NOL_S = N_{YL} \times Y_S \times (1 - M_{LS}) \tag{4-6}$$

值得说明的是，上述公式测算的民间金融规模均为短期的民间借贷规模，因此需要进行调整，假设全国当年短期贷款总额占比为 L，全国民间金融总规模为 NOL_T，因此有

$$NOL_T = NOL_S / L \tag{4-7}$$

式(4-7)即能够测算出全国的民间金融规模。为了测算出各省区市的民间金融规模，在此假设我国各省区市民间金融规模占全国民间金融规模的比例与各省区市正规金融机构贷款占全国正规金融机构贷款的比例一样，因此计算各省区市的民间金融规模为

$$LOAN_i / LOAN_T = NOL_i / NOL_T \tag{4-8}$$

式中，$LOAN_i$ 和 $LOAN_T$ 分别为第 i 个地区和全国的正规金融机构贷款总额；NOL_i和 NOL_T分别为第 i 个地区和全国的民间金融总额。

4.3.2 民间金融规模的具体测算

通过上面的分析，本书决定采用李健和卫平间接测算法的思路来测算全国各地区的民间金融规模，即利用上述间接测算法思路测算出了2006—2018年全国各省区市的民间金融规模。同时，此处沿用学术界一般做法，选择用民间金融规模与该地区生产总值的比值(IF)表示民间金融的发展水平指标，从而得到民间金融发展水平指标(IF)全国均值随时间变化示意图(见图4-1)。

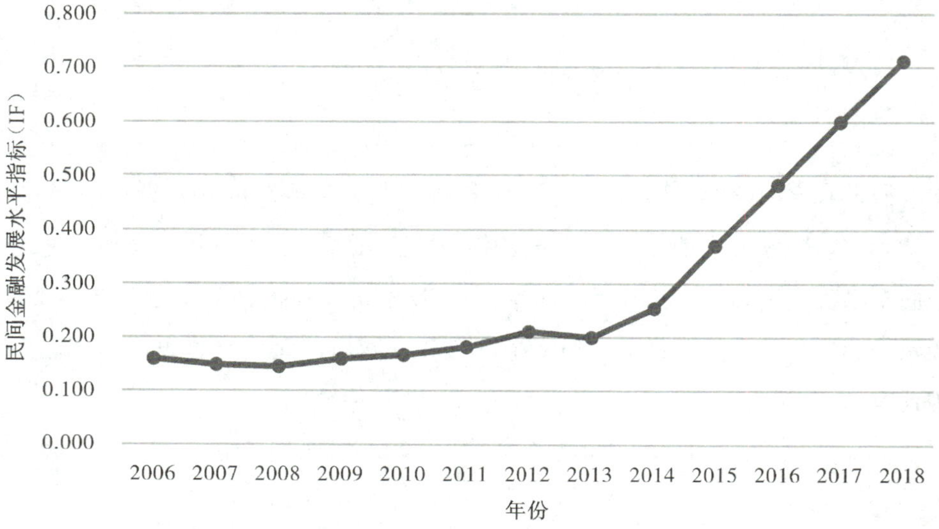

图4-1 民间金融发展水平指标(IF)全国均值随时间变化示意图(2006—2018年)

图4-1反映了全国各省区市民间金融发展水平均值随时间的变化情况。从图4-1可以看出，在本书所研究的样本区间内，我国民间金融发展水平总体呈不断上升趋势，但发展速度在2013年前后呈明显的分段特征。2013年以前，民间金融发展水平虽不断提高，但增长速度较为平缓，2006年IF指标大小为0.158，2012年达到该区间内的最高值0.210，到2013年又略有下降；2013年以后，民间金融发展水平迅速提高，IF指标从2013年的0.198迅速提高到2018年的0.713。

4.4 金融体系稳定指数测算

此处将从多维度选取反映金融体系稳定性的指标，建立系统全面的指标体系，然后采用主成分分析法对指标体系进行合成，形成金融体系稳定性综合指数。

4.4.1　变量指标选取说明

在贸易与金融一体化的背景下，各国之间金融体系的交集越来越多，金融风险的传导也越来越快，一个地区的金融风险会影响到其他地区的金融稳定，甚至有可能演变为影响全球的金融危机，如 20 世纪末的亚洲金融危机以及 21 世纪初的美国次贷危机，虽然在一开始都起源于某个国家或地区，但金融风险却快速传播，给全球的经济发展带来了较大的冲击。因此，随着时间的推移，各国政府及国家金融监管机构对于金融体系的稳定性重视程度越来越高。1999 年，国际货币基金组织与世界银行联袂发起金融部门评估规划项目，评估金融体系的稳定性，加强对全球金融系统性风险的应对。

2003 年 7 月，我国首次对金融体系稳定进行了评估，运用的方法就是 1999 年国际货币基金组织与世界银行联合发起的金融部门评估规划，并于 2005 年由中国人民银行对外发布我国第一份《中国金融稳定报告》。并且，考虑到各地区在经济发展水平和金融环境方面的巨大差异，为了更加细致准确地对金融稳定进行评估，2007 年，中国人民银行又发布了包含不同地区情况的金融稳定报告。在《中国区域金融稳定报告(2008)》中，关于金融稳定衡量的核心指标有 26 项，涵盖了宏观经济和金融体系的许多方面。

通过对大量文献的总结可以看出，金融稳定会受到众多内外因素的影响，各学者在构建衡量金融稳定的指标体系时所采取的指标也不尽相同。但综合来看，大部分学者在构建金融稳定的指标体系时，既考虑到外部宏观经济因素的影响，又考虑到金融体系内部因素的影响，其选取的主要指标能够反映宏观经济稳定性、金融机构稳定性以及金融市场稳定性，部分学者也考虑到了政府监管因素的影响，将反映政府财政收支的因素纳入指标体系中。

本书在参考《中国区域金融稳定报告》以及其他学者的相关研究基础上，为了保证选取指标的科学性、准确反映我国的金融稳定现状，以及数据的可得性，根据已有研究重新设计了金融稳定性的指标体系，构建了 2006—2018 年样本期间内由宏观经济环境、金融市场环境与金融机构监管为主要方面的指标体系，包括 3 个一级指标、11 个二级指标和 17 个三级指标，如表 4 - 1 所示。

表 4-1 金融稳定指标体系

一级指标	二级指标	三级指标	指标性质
宏观经济	经济增长	GDP 增长率/%	正
	价格水平	消费者价格指数(CPI)/%	负
	社会稳定	城镇登记失业率/%	负
	投资增长	固定资产投资增长率	正
	财政风险	财政收入增长率	正
		财政收入支出比	正
		财政赤字/GDP	负
	政府调控	财政收入/GDP	正
金融市场环境	金融业规模	金融业增加值/GDP	正
	金融业贡献	金融机构本外币贷款余额/GDP	负
	金融市场风险	存贷比/%	负
		房地产业增加值/GDP	负
		商品房销售额增长率	负
		房地产价格增长率/GDP 增长率	负
金融机构	银行业风险	不良贷款率/%	负
	保险业发展	保费收入/GDP	正
	非银行、保险金融机构发展	直接融资占比	正

数据来源：国家统计局网站、中国人民银行网站、知网、中经网统计数据库、CEIC 中国经济数据库、省际金融运行报告、省际国民经济和社会发展统计公报。

1. 宏观经济指标

金融的发展离不开宏观经济，宏观经济发展状况是影响金融体系稳定性的最主要外部因素。一方面，宏观经济是金融业运行的外部环境，宏观经济的发展状况直接影响到金融行业的发展；经济增长离不开金融业的贡献，金融体系的完善成熟也依赖于较高的经济发展水平。另一方面，国家宏观经济发展状况的稳定性也会影响到各方对未来经济发展的预期，较好的经济发展前景会促进金融的发展。

在金融体系稳定性指标体系的构建方面，学者进行了大量研究。如霍德明、刘思甸构建的金融稳定指标体系，其特色在于各指标的权重不是固定不变的，是随着环境变化而变动的[114]；何德旭、娄峰通过选取 11 个变量指标构建了我国金融体系稳定指数[115]；刘太琳、董中印从宏观经济环境、金融市场、银行、监管等多个方面选取指标，指标权重通过指标临界值和映射区间加权汇总得到，进而构建了金融体系稳定性指数[116]。鉴于指标的科学性以及全面系统性，本书将经济增长、价格水平、社会稳定、投资增长、财政风险和政府调控等 6 个方面作为反映宏观经济稳定的二级指标。其中，分别采用 GDP 增长率衡量经济增长水平，CPI 衡量价格水平，城镇登记失业率衡量社会稳定，固定资产投资增长率衡量投资增长。

政府通过宏观经济政策对金融体系进行调控，其中主要是货币政策，而财政政策则会对金融体系产生间接影响，例如税收政策的调整及政府支出的变化产生的影响都会传导至金融体系中，对金融市场的流动性产生影响，进而会对金融稳定产生影响。并且，当政府的财政收入更多时，就有足够的能力来调控金融的运行。例如，在经济萧条时期，政府的大规模支出可以降低企业的投资成本，带动企业的投资活动，提高就业及居民收入，也促进了消费支出，从而促进经济发展，宏观经济的稳定发展也有利于金融市场的稳定运行。因此，本书用财政收入/GDP 作为金融监管指标，衡量政府调控程度。

国家的财政赤字规模过大，也会对金融体系的稳定性产生负面的影响，比如过高的财政赤字使政府的信用大幅降低，这些国家国债的价值也快速降低，甚至可能由于政府破产而使得国家出现大规模的债务违约情况，这也导致这些国家银行体系的稳定性出现波动，使金融体系稳定性面临较大威胁。李卉、付文林在研究中也发现，政府财政支出过高会增加区域的金融风险，不利于金融体系的稳定[117]。因此本书也将财政赤字/GDP 引入了金融稳定的指标体系中。

同时，政府作为国家的最终偿付人，其偿付能力的大小对市场信心有很大的影响，拥有更好偿付能力的政府就越有能力化解风险，稳定金融市场。学术界一般采用财政收支情形衡量政府的偿付能力，因此，此处也加入财政收入增长率以及财政收入支出比指标，代表政府当局的偿付能力。

2. 金融市场环境指标

在金融行业稳定的衡量中，本书主要从金融业规模、金融业贡献和金融市场风险三个方面来反映金融部门的稳定性状况。金融市场对于我国的经济增长有着重要的推动作用，金融业对于国家经济的贡献度越高，反映出我国金融业的发展更加快速，金融业更趋于完善，此处用金融业增加值占 GDP 的比例和金融机构本外币贷款余额占 GDP 的比例来衡量金融业的发展规模以及贡献度。

金融市场风险是影响金融稳定性极其重要的因素。整体金融机构的风险会对金融市场产生直接影响，因此本书选用存贷比衡量整体金融机构的风险。存贷比是年末各金融机构的贷款余额与存款余额之比。一般来讲，存贷比越高，金融机构的盈利能力会越强，但是可能会面临流动性不足的问题，风险也随之增加。因而可以说，金融机构的存贷比过高会加剧金融市场风险。同时，房地产行业是一个特殊的行业，该行业资金密集性很强，其存在固有的系统性风险，如果房地产价格发生剧烈波动，会影响到宏观政策特别是货币政策的传导，也会影响到投资者以及消费者的决策行为，从而将风险传导至金融体系，可见房地产行业的发展动态无疑会对金融体系的稳定性产生重要影响。其实，学术界对此问题也进行了深入研究，如郭春风等研究发现，房地产价格波动对金融体系稳定性的影响效应并不是短期的，其负向冲击影响效应是长期的[118-119]；谭中明等进行了更加详细的研究，他们专门构建金融稳定性体系指标，测度金融体系稳定性指数，将房价投资增长率指标加入所构建的模型，研究发现，房价投资增长率对金融体系稳定性存在显著的负向作用[120-121]。对于房地产行业发展的衡量指标方面，学者也有研究，如沈悦、张珍采用了房地产价格增加值除以 GDP 增长率的指标[122]。因此，本书引入房地产业增加值占 GDP 的比例、商品房销售额增长率、房地产价格增长率除以 GDP 增长率等指标衡量房地产业稳定性及对金融稳定性的影响程度。

3. 金融机构指标

银行业作为发展最悠久、规模最庞大的金融体系，在我国的金融体系中占据着非常重要的地位，银行业参与到金融领域的各个方面，一旦银行体系出现风险，就很容易传导至整个金融领域中，并且对社会稳定也会产生很大的负面影响。根据部分学者的研究，银行业是金融体系的主导行业，其地位要远远高于证券业与保险业，因而在构建金融稳定指标体系时应该更多考虑到衡量银行体系稳定性的指标，本书用不良贷款率来衡量银行体系的安全性。通常来讲，不良贷款率越高，金融机构稳定性越差，过多的不良贷款余额给银行的经营活动带来巨大的风险，银行的不良贷款率过高会对金融稳定性有负向的影响。

保险业的发展历史和规模均不如银行业，但是其发展速度非常快，尤其在外资企业的竞争压力下，我国的保险行业在近几年得到了较快的进步，保费收入额不断上升，保险行业聚集了大量资金，已经成为我国金融体系非常重要的组成部分。与银行业一样，保险业的资金也分布在金融行业的各个领域中，一旦出现风险，也会由于资金链之间密切的关系而快速传导，甚至影响整个金融体系的稳定性。保险行业的发展是我国金融体系的重要补充，保费收入是保险行业最重要的资金来源，也是其盈利性的基础和安全性的保证，因此保费收入的增长速度可以用来反映保险业的盈利能力和抗风险能力，也反映着保险业的发展程度。

学术界对金融体系的稳定性也进行研究，乔丽丽、田立选用了 17 个指标，指标范围涵盖了宏观经济、金融机构以及金融市场多个方面，然后应用统计学上的主成分分析法测度了我国金融体系稳定性指数（2004—2013 年）[123-124]；刘太琳、董中印在测算出金融稳定性综合指数时选取商业银行不良贷款率作为银行业指标之一，构建了金融稳定性指标体系，通过指标的临界值和映射区间加权汇总，最后得出测算结果[116]。张东旭选取了不良贷款率和保费收入/GDP 分别作为银行业与保险业测算指标之一[125]。我国目前证券业发展规模不及银行业和保险业，并且目前银行业和保险业数据统计较为完整但证券业数据还待完善，考虑到金融机构占比及数据可得性，本书取银行业不良贷款率和保险业保费收入/GDP 指标反映我国金融机构发展情况。另外，本书还在金融机构指标中加入了直接融资占比，以反映证券业发展情况。

4.4.2　指标合成方法确定

综合评价指数需要对选取的各指标进行合成，指标合成的方法很多，对于金融稳定指数的衡量，部分学者在对相关文献和相关国际标准的研究基础上，采用主观赋以权重或者加权平均等方法来计算综合指数。封思贤、居维维、李斯嘉对于选取的各指标数据采取加权平均的方法来计算综合指标，衡量我国的金融稳定指数[84]。刘太琳、董中印在测算我国的金融稳定指数时，依赖于主观的经验和判断，对各衡量指标赋以权重进行指标合成[115]。这些方法都较为粗糙，作者的主观性太强，缺乏足够的客观性，因此这种方法测算的结果准确性也较低，并不能客观真实地反映我国金融体系的稳定性。

除了主观赋以权重的方法外，其他的指标合成方法主要是主成分分析法。统计学上的主成分分析法是对指标体系合成指数的方法，其优点在于利用降维得到综合指数，主要包括特征值分解（EVD）、奇异值分解（SVD）、非负矩阵分解（NMF）等，将主成分表示为原始变量的线性组合，来计算得到综合指标。如惠康、任保平、钞小静使用主成分分析法测算了金融稳定性指数[126]。本书将采取主成分分析法对构建的指标体系合成指数。

主成分分析前应进行 Kaiser-Meyer-Olkin(简称 KMO)抽样充分性测度以及 Bartlett 球形检验,判断衡量构成金融稳定性指标的各三级指标数据是否适合主成分分析。其中,KMO 抽样充分性测度的主要目的是测度变量的相关性,其计算方法是比较相关系数以及偏相关系数两个指标的计算结果,KMO 值一般在 0 与 1 之间,即一定在[0,1]区间内。判断原则为:若 KMO 值越高,则说明诸变量的相关性共性越高,主成分分析法越适用;反之,若 KMO 值越低,则说明诸变量的相关性共性越低,那么主成分分析法越不适用,主成分分析越不能起到降维保留大部分信息的作用。通常情况下,学术界认为 KMO>0.5 是应用主成分分析的最低标准,也就是说若 KMO<0.5 则不能适用主成分分析。而 Bartlett 球形检验法(巴特利特球形检验法)是一种检验方法,它检验的零假设是涉及的相关系数矩阵为单位矩阵。Bartlett 球形检验法根据相关系数矩阵得到其行列式,若这个值较大,且是显著的,即对应的相伴概率值不大于统计上的显著性水平,我们就认为零假设不成立,相关系数矩阵远非单位矩阵,也就说明,变量之间共性以及相关性很高,适合使用主成分分析法;若 Bartlett 球形检验法根据相关系数矩阵得到其行列式值较小,不能拒绝原零假设,说明相关系数矩阵为单位矩阵,变量之间共性以及相关性不高,不适合使用主成分分析法。应用主成分分析法对金融体系稳定性指标体系的检验结果表 4-2 所示。

表 4-2 主成分分析检验结果

检验项目	检验值
Kaiser-Meyer-Olkin 检验	0.666
Bartlett 球形检验	Chi-square=3882.592 Degrees of freedom=136 p-value=0.000

根据表 4-2 的 KMO 和 Bartlett 检验的结果,可以发现,KMO 值为 0.666>0.5,满足使用主成分分析法的要求,可以采用主成分分析法;同时,可见 Bartlett 球形检验统计量非常高,高达 3882.592,显然在 5%的显著性水平下显著地拒绝零假设,我们认为相关系数矩阵并不是单位矩阵,因此可以断定,金融体系稳定性指标体系数据适合进行主成分分析。

接下来本书通过各指标的解释总方差确定提取的主成分个数。从表 4-3 可以看出，当提取的公因子个数为 9 时，累积解释方差超过了 0.8，因此本书选择提取的主成分个数为 9。

表 4-3　解释总方差

Component	Eigenvalue	Difference	Proportion	Cumulative
Comp1	4.6122	2.2993	0.2713	0.2713
Comp2	2.3128	0.6388	0.1361	0.4074
Comp3	1.6740	0.4292	0.0985	0.5058
Comp4	1.2447	0.1842	0.0732	0.5791
Comp5	1.0604	0.0433	0.0624	0.6414
Comp6	1.0171	0.0408	0.0598	0.7013
Comp7	0.9763	0.0995	0.0574	0.7587
Comp8	0.8768	0.1173	0.0516	0.7903
Comp9	0.7594	0.1588	0.0447	0.8550
Comp10	0.6009	0.0314	0.0353	0.8903
Comp11	0.5692	0.0890	0.0335	0.9238
Comp12	0.4801	0.1490	0.0282	0.9520
Comp13	0.3311	0.0950	0.0195	0.9715
Comp14	0.2361	0.0779	0.0139	0.9854
Comp15	0.1581	0.0845	0.0093	0.9947
Comp16	0.0735	0.0568	0.0043	0.9990
Comp17	0.0167	0	0.0010	1.0000

继而得到主成分旋转载荷矩阵(见表 4-4)，并由此得到各主成分得分。接下来，以方差贡献率分别作为主成分的权重进一步加总，便可以测度出金融体系稳定性综合指数。

表 4-4　旋转载荷矩阵

变量含义	变量符号	C1	C2	C3	C4	C5	C6	C7	C8	C9
GDP 增长率	GDPg	0.370	−0.139	0.235	0.028	−0.250	0.016	0.108	0.143	−0.006
国定资产投资增长率	Ifag	0.329	−0.078	0.156	0.242	−0.133	−0.065	0.115	−0.001	−0.192

续表

变量含义	变量符号	C1	C2	C3	C4	C5	C6	C7	C8	C9
财政收入支出比	Revg	0.312	−0.180	0.350	−0.110	−0.037	0.004	0.193	0.214	−0.046
财政收入增长率	RIr	0.099	0.534	0.353	0.042	0.183	−0.072	−0.145	−0.111	−0.022
财政收入/GDP	RGDP	−0.267	−0.131	0.301	−0.004	−0.207	−0.108	0.078	0.266	0.016
金融业增加值/GDP	Fadr	−0.386	−0.087	0.233	0.029	−0.104	−0.033	−0.009	0.225	0.112
保费收入/GDP	ID	−0.334	−0.060	0.144	0.129	0.253	0.128	−0.265	0.282	−0.254
直接融资占比	Dfr	0.006	−0.344	0.304	0.046	0.096	0.065	−0.080	−0.553	0.303
不良贷款率	LOAr	−0.375	0.058	0.286	0.032	−0.179	0.073	0.104	0.167	0.210
存贷比	DLr	−0.062	0.397	−0.175	−0.176	−0.444	−0.042	0.387	−0.016	0.357
房地产增加值/GDP	Havr	−0.045	0.124	0.050	−0.116	−0.027	0.871	0.263	−0.083	−0.306
商品房销售额增长率	Chsg	0.158	0.013	0.100	0.696	−0.163	0.097	0.097	0.096	0.044
房地产价格增长率/GDP 增长率	Hpgr	−0.047	0.041	−0.125	0.219	0.617	−0.139	0.640	0.182	0.077
消费者价格指数	CPI	0.190	−0.113	0.281	−0.566	0.223	−0.059	0.140	0.170	0.029
城镇登记失业率	Uemr	0.238	0.158	−0.214	−0.069	−0.084	−0.017	−0.290	0.468	−0.128
财政赤字/GDP	Defr	0.047	0.544	0.385	0.029	0.117	−0.096	−0.094	−0.114	−0.037
金融机构本外币贷款余额/GDP	Blr	0.217	0.017	−0.043	0.056	0.226	0.387	−0.271	0.277	4.707

4.4.3 指数计算结果

此处利用主成分分析法合成测度了我国除西藏外的 30 个省区市 2006—2018 年的金融稳定指标。

图 4-2 是金融稳定性指标(FSI)全国各省区市均值随时间变化情况。从图 4-2可以看出,受美国次贷危机影响,金融稳定性指标在 2008 年前后迅速下降,从 2007 年的 0.885 下降到 2008 年的 0.251,这说明随着我国金融体系对外开放程度的日益加深,我国金融稳定性与全球金融环境的共振效应越来越明显。金融危机

之后，金融稳定性指标再未恢复到此前水平。2008 年以后，金融稳定性指标在经历了短暂的稳定期后，在 2011 年又迅速下降，从 2011 年的 0.213 下降到 2017 年的－0.547，直到 2018 年才略有回升。这个阶段我国经济增速放缓，政府债务和企业债务规模不断扩大，国际经济和金融环境日益复杂，这些均对我国金融稳定性产生不利冲击。金融稳定性指标不断下降的现状说明了对我国金融稳定性影响因素进行研究的迫切性和重要性。

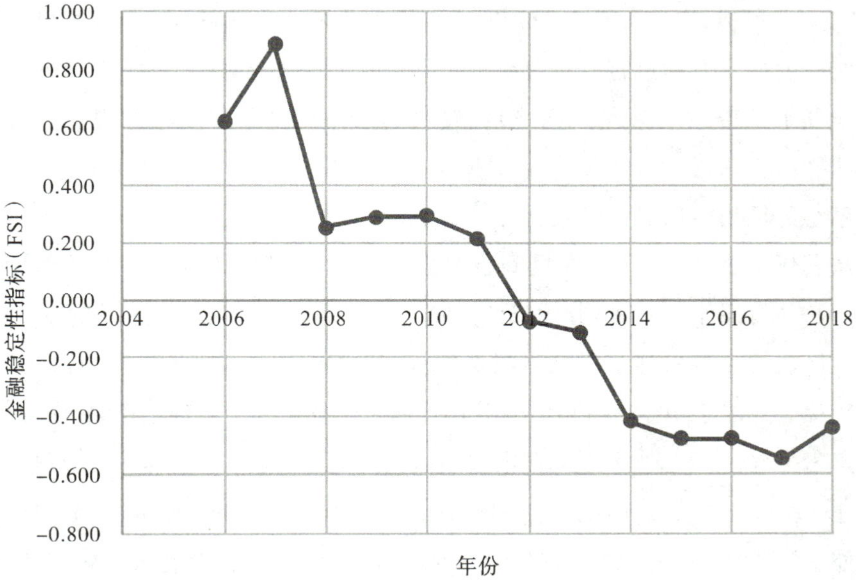

图 4－2　金融稳定性指标(FSI)全国均值随时间变化示意图(2006—2018 年)

4.5　探索性空间数据分析与莫兰指数检验

4.5.1　探索性空间数据分析

相关研究表明，无论是区域金融稳定性还是民间金融，都存在明显的空间关联性，而学术界在研究方法方面主要是采用探索性空间数据分析(exploratory spatial data analysis，简称 ESDA)分析事物的空间关联特征。该方法其实并没有依托任何理论，仅仅是对表征事物数据进行空间统计分析后采用地图或图表的形式展示出来，以便对不同区域间的地缘临近性(geography proximity)与经济特征相似性进行匹配性分析，从而判断区域经济、金融活动在空间上的集聚与离散特征，也能够为随后的回归分析中确定合适的空间回归模型提供依据[127]。

一般 ESDA 方法应用于省际层面经济金融问题研究主要包括两种，一种是局部空间相关分析，另一种是全局空间相关分析。其中，局部空间相关分析用以反映某一省份与其相邻省份经济、金融特征的相似性，或经济、金融活动的区域集散程度；全局空间相关分析则是对不同区域经济、金融活动空间关联程度进行总体分析，从全国层面判断经济、金融活动的空间分布和集散特征。

前文已利用 FSI（金融稳定性指标）和 IF（民间金融发展水平指标）全国层面的均值时间变化示意图进行简单分析，下面将利用 FSI（金融稳定性指标）和 IF（民间金融发展水平指标）不同年份各省区市空间差异示意图（限于相关规定，中国地图示意图文中未列出），进一步直观分析本书核心解释变量民间金融和被解释变量金融体系稳定性指数的时空演变特征。

从总体上看，2006 年左右民间金融发展水平呈现东高西低的阶梯化特征，东部地区整体发展水平较高，其中以北京市和浙江省民间金融发展水平最为突出；中西部地区民间金融发展水平整体较为落后，其中云南、甘肃、宁夏和山西发展水平相对较高。相对于 2006 年，2010 年我国民间金融发展水平呈现东西高、中部低的空间分布态势，东部地区尤其是东部沿海地区民间金融发展水平在全国处于领先地位，西部地区民间金融发展水平迅速提升，而中部地区除山西等个别省份外，民间金融发展均处于较低水平。相对于 2010 年，2014 年我国民间金融发展水平较高的省区市数量有所减少，个别省区市如北京、浙江、山西和甘肃发展尤为突出。东部地区整体处于较高水平，中西部地区除个别省区市外整体发展水平较为落后。相对于过往时段，2018 年我国民间金融发展水平的空间部分出现明显变化，东部地区的北京、上海、浙江、福建、广东仍保持较高水平，而原本民间金融发展水平较高的河北、山东和江苏已处于落后态势，辽宁民间金融发展水平明显提升；中西部地区中内蒙古和新疆民间金融发展水平迅速上升，甘肃、宁夏、山西和云南发展水平依旧较高。

综上可知，我国民间金融发展水平较高的省区市数量不断增多，民间金融发展水平较高的地区既有经济发达的省区市，也有经济欠发达的省区市，且呈现出明显的空间集聚特性。

同时，从总体上看，在本书所研究的样本区间内（2006—2018 年），金融稳定性的空间差异情况存在明显的空间集聚特征，即中部地区金融稳定性最好，东部地区相对较弱，东南沿海地区最弱，北京、浙江、上海和广东地区金融稳定性始终明显弱于其他地区。这说明，在我国，金融稳定性的空间差异特征与经济发展的空间差异特征相反，经济最为发达的东部地区金融稳定性最弱，经济欠发达的中西部地区，金融稳定性较好。

综上可见，从整体来看，我国民间金融发展水平较高的地区既有经济发达的省区市，也有经济欠发达的省区市，呈现出明显的空间集聚特性；同时，本书所研究的样本区间内(2006—2018 年)，金融稳定性的空间差异情况亦存在明显的空间集聚特征。

4.5.2　莫兰指数检验

进一步，本书利用莫兰指数(Moran's I)判断关键变量的全局空间集聚特征。莫兰指数公式如下：

$$\text{Moran's I} = \frac{n\sum_{i=1}^{n}\sum_{j=1}^{n} w_{ij}(x_i-\bar{x})(x_j-\bar{x})}{\sum_{i=1}^{n}\sum_{j=1}^{n} w_{ij}\sum_{i=1}^{n}(x_i-\bar{x})^2} = \frac{\sum_{i=1}^{n}\sum_{j=1}^{n} w_{ij}(x_i-\bar{x})(x_j-\bar{x})}{S^2\sum_{i=1}^{n}\sum_{j=1}^{n} w_{ij}} \tag{4-9}$$

式中，$S^2=\frac{1}{n}\sum_{i=1}^{n}(x_i-\bar{x})^2$；$\bar{x}=\frac{1}{n}\sum_{i=1}^{n}x_i$；$x_i$表示第 i 空间单元的样本内观测值；n 为样本的空间单元数；w_{ij} 为空间权重矩阵 $\boldsymbol{W}$ 第 i 行第 j 列的元素值，其意义表示空间单元 i 与 j 的空间关系。莫兰指数的取值范围为[−1,1]，数值为正表示同质性集聚，为负表示异质性集聚，越接近 0 则表示空间关联性越弱。

空间权重矩阵有多种形式，为保证本书分析结果的客观性，本书分别依据空间邻近特征、地理距离特征以及经济地理距离特征分别构造三种空间权重矩阵，具体如下。

1. 空间邻近矩阵

本书首先采用体现空间邻近的“车规则”建立权重矩阵，即对于两地区 i 和 j，若两地区相邻(有共同边界)，则空间权重矩阵中对应的元素$w_{ij}=1$，若两地区不相邻，则空间权重矩阵中对应的元素$w_{ij}=0$，具体表示如下：

$$w_{ij}=\begin{cases}1 & \text{地区 } i \text{ 和地区 } j \text{ 有共同边界}\\ 0 & \text{地区 } i \text{ 和地区 } j \text{ 无共同边界}\end{cases} \tag{4-10}$$ [①]

---

① 本书在利用 GeoDa 软件按照上述原则生成空间权重矩阵的过程中，按照中国实际情况对权重做了调整：海南和任何省份都没有共同边界，但由于其与广东的地缘关系，将其视作与广东相邻，矩阵对应数值设置为 1。

2. 地理距离矩阵

空间邻近矩阵假定两个区域单元不相邻就没有空间相关性，这种处理方式相对简单，在实际当中不相邻的地区间经济、金融活动依然存在影响，即两个地区即使没有共同边界，在一定程度上仍有空间依赖性。因此依据地理学第一定律（万事万物均有联系，距离越近联系越紧密），本书假定若两个地区的地理距离越小，则两个区域的空间相关性越高，若两个地区的地理距离越大，则两个区域的空间相关性越低。据此，本书构建地理距离倒数矩阵

$$\boldsymbol{W}_d = \begin{cases} 1/\,d_{ij} & i \neq j \\ 0 & i = j \end{cases} \tag{4-11}$$

式中，d_{ij} 为 i 和 j 两地之间的地理距离，本书以不同省份省会之间的经纬度距离表示。

3. 经济地理距离矩阵

地区间的经济金融活动联系会受到一些非地理因素的影响，地理距离相同的地区可能会因社会、文化和经济联系差异而导致空间相关性存在差异，因此为构建更为全面客观的空间权重矩阵，还需要考虑除地理因素外的其他社会经济因素。为分析民间金融对金融稳定性的影响，本书从经济角度构建经济地理距离空间权重矩阵，其具体权重公式为

$$\boldsymbol{W}_{\Phi} = \boldsymbol{W}_d \operatorname{diag}\left(\frac{\overline{Y}_1}{\overline{\overline{Y}}}, \frac{\overline{Y}_2}{\overline{\overline{Y}}}, \cdots, \frac{\overline{Y}_n}{\overline{\overline{Y}}}\right) \tag{4-12}$$

式中，$\boldsymbol{W}_d$ 即地理距离矩阵；$\dfrac{\overline{Y}_i}{\overline{\overline{Y}}}$ 为 i 地区人均产值与全国人均产值之比。上式意味着，经济相对越重要的地区，其空间辐射能力越强。本书采用样本区间内（2006—2018 年）各省区市人均 GDP 年均值和全国人均 GDP 年均值分别表示 $\overline{Y}_i$ 和 $\overline{Y}$。

由于本书使用的样本数据为面板数据，需要将上述构建的截面矩阵展开成空间面板矩阵。本书借鉴 Arbia 等学者的方法，将每一年的截面矩阵按时间顺序组合成分块对角矩阵，以对空间面板数据进行莫兰指数分析。矩阵的具体形式如下：

$$\begin{pmatrix} W_1 & & \\ & \ddots & \\ & & W_T \end{pmatrix}_{NT \times NT} \tag{4-13}$$

按照上述公式，本书分别计算了被解释变量金融稳定性指标（FSI）和核心解释变量民间金融发展水平指标（IF）以及其他控制变量的全局莫兰指数，结果见表 4－5。

表 4-5　莫兰指数

变量	空间邻近矩阵		地理距离矩阵		经济地理距离矩阵	
	I	p-value	I	p-value	I	p-value
FSI	0.578	0.00	0.498	0.00	0.476	0.00
IF	0.604	0.00	0.638	0.00	0.640	0.00
DG	0.702	0.00	0.709	0.00	0.716	0.00
ID	0.293	0.00	0.293	0.00	0.247	0.00
RGDP	0.096	0.00	0.086	0.00	0.079	0.00
aGDP	0.606	0.00	0.439	0.00	0.513	0.00
Market	0.619	0.00	0.306	0.00	0.315	0.00

注：由于宏观货币政策变量 M2r 为全国层面变量，只随时间变化，对于各个省区市均相同，因此没有纳入莫兰指数检验之中。

从三种空间权重矩阵的莫兰指数及其显著性检验结果可以看出，本书选取的变量莫兰指数均显著为正，尤其被解释变量 FSI 及核心解释变量 IF 的莫兰指数不仅显著为正，且其数值均接近或大于 0.5，说明各变量水平较高的地区和水平较低的地区呈现出明显的高高-低低两极集聚，空间关联效应显著。

4.6　本章小结

本章首先对民间金融与金融体系稳定性的特征事实进行了剖析与回顾；其次，利用间接测算法对民间金融的规模进行了测度，在此基础上，分析了民间金融规模的变动特点，即利用民间金融发展水平指标全国层面历年均值的变化示意图，以及不同年份各省区市空间差异示意图，来直观分析民间金融规模的时空演变特征；最后，构建了我国金融体系稳定性的指标体系，并采用主成分分析法测度了我国金融体系稳定性的综合指标，分析我国金融体系稳定性指标的时空演变情形。研究发现，在本书所研究的样本区间内，我国民间金融发展水平总体呈不断上升趋势，但发展速度在 2013 年前后呈明显的分段特征；2008 年以后，金融稳定性指标在经历了短暂的稳定期后，在 2011 年又迅速下降，一直到 2018 年才略有回升。同时，对民间金融与金融体系稳定性指标进行了探索性空间数据分析与莫兰指数检验分析。

第5章 民间金融对金融体系稳定性的空间溢出效应研究

前文研究发现，民间金融与金融稳定性均存在明显的空间集聚特性，且相关研究表明，相邻地区的区域金融体系稳定性会彼此影响，即区域金融稳定性存在明显的空间溢出效应；同时，无论是正规金融资源还是民间金融资源，均存在大量的区域流动。那么民间金融与区域金融稳定性之间是否存在空间溢出性问题？学术界应予以正面回答。因此，本书拟用空间计量方法对民间金融与区域金融稳定性之间的关系进行研究分析。

5.1 民间金融对金融体系稳定性的空间溢出效应数理分析

在此引进一个关于民间金融的空间溢出博弈模型，深度剖析民间金融对金融体系稳定性的溢出效应。假设存在两个相邻的地区，$i=1,2$，为这场非合作博弈者，每个地区的民间金融规模为 $F_i(i=1,2)$。每个地区民间金融机构的利润函数假定为

$$E_i = D_i(F_1 + F_2) - M_i(F_i) \tag{5-1}$$

式中，D_i为总民间金融的收益函数；M_i为地区 i 的民间金融机构的成本函数。现假定$D'_i>0$，$D''_i<0$，$M'_i>0$，且$M''_i>0$。针对公式(5-1)对变量 F_1进行全微分得到利润最大化一阶函数

$$dE_1/dF_1 = D'_1(F_1+F_2) - M'_1(F_1) = 0，或者\ D'_1(F_1+F_2) = M'_1(F_1) \tag{5-2}$$

公式(5-2)定义了一个关于 F_1的隐函数或关于地区 1 的反应函数，我们称之为 $V_1(F_2)$。从公式(5-2)我们可以得到

$$V'_1(F_2) = D''_1/(D''_1 - M''_1) < 0 \tag{5-3}$$

类似，对变量 F_2进行全微分我们可以得到利润最大化一阶函数

$$D'_2(F_1+F_2) = M'_2(F_2) \tag{5-4}$$

以及地区 2 的反应函数

$$V'_2(F_1) = D''_2/(D''_2 - M''_2) < 0 \qquad (5-5)$$

这两个反应函数以及它们的交点 P，也称纳什均衡点（见图 5－1），这时，我们根据式（5－2）和式（5－4），即 $F_1^* = V_1(F_2^*)$ 和 $F_2^* = V_2(F_1^*)$ 可以得到一组策略组合（F_1^*, F_2^*）。另外，根据式（5－3）和式（5－5）可知，这两个地区制定的民间金融政策在战略上是可替代的。换句话而言，如果一个地区单方面增加民间金融规模，那么另一个地区的民间金融规模有可能会大幅削减。这意味着地区间民间金融规模具有显著的溢出效应，因而民间金融对金融体系稳定性存在空间溢出效应。因此，聚焦于此处的研究主题，可以断定，民间金融对金融体系稳定性的溢出影响主要有两个方面，一方面是本地区民间金融发展对本地区金融体系稳定性的溢出效应影响，另一方面为本地区民间金融发展对相邻地区金融体系稳定性的溢出效应影响。

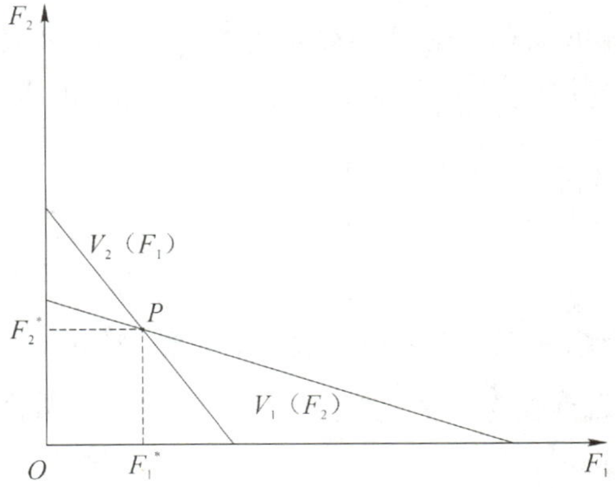

图 5－1 地区间民间金融的纳什均衡

可见，欲实证探究民间金融对金融体系稳定性的溢出影响，必须在实证探究本地区民间金融发展对本地区金融体系稳定性溢出效应的同时，还必须实证研究本地区民间金融发展对相邻地区金融体系稳定性的溢出效应。而空间经济计量模型正是解决回归模型中复杂的空间相互作用与空间依存性结构问题的前沿计量方法。空间计量经济学理论认为一个地区空间单元上的某种经济地理现象或某一属性值与邻近地区空间单元上同一现象或属性值是相关的。几乎所有的空间数据都具有空间依赖性或空间自相关性的特征，空间依赖的存在打破了大多数经典统计和计量分析中相互独立的基本假设。也就是说，各区域之间的数据存在与时间序列相关、相对应的空间相关。

根据空间计量经济学方法原理，空间计量分析的思路如下：采用空间统计分析莫兰指数法检验因变量是否存在空间自相关性；如果存在空间自相关性，则以空间计量经济学理论方法为基础，建立空间计量经济模型，进行空间计量估计和检验。

5.2 计量模型设定与变量选取

5.2.1 计量模型设定

此处研究的是民间金融与区域金融体系稳定的关系，以金融稳定性指标为被解释变量，以民间金融发展水平为核心解释变量，运用统计软件对二者关系进行空间线性回归分析。此处构造基本计量模型如下：

$$\mathrm{FSI}_{it} = a_0 + a_1 \mathrm{IF}_{it} + a_2 \mathrm{Ctr}_{it} + \varepsilon_{it} \tag{5-6}$$

式中，第 i 省份第 t 年的金融稳定性指标FSI_{it}被表示为核心解释变量民间金融发展水平IF_{it}的计量函数；Ctr_{it}为控制变量组合；ε_{it}为一般随机扰动项。

5.2.2 变量选取

1. 被解释变量

此处的被解释变量是第 4 章利用主成分分析法测算的我国省际层面金融稳定性指标FSI_{it}，具体构建过程详见第 4 章中金融体系稳定指数测算部分。

2. 核心解释变量

本书的核心解释变量为民间金融发展水平IF_{it}。此处沿用学术界的一般做法，民间金融发展水平IF_{it}用民间金融规模与该地区生产总值的比值表示。关于民间金融规模的具体测算，主要参考了李健和卫平的思路，详见第 4 章中民间金融规模测算部分。

3. 控制变量

根据已有研究，本书主要选取的控制变量有正规金融发展水平、保险深度、政府行为、市场化指数、宏观经济发展水平以及货币政策环境，具体说明如下。

在研究民间金融对金融稳定性的影响时，须控制正规金融对金融稳定性的影响。银行业一直都是我国正规金融系统中最重要且占比最大的部分。尹雷在研究我国的金融结构时发现，1992—2011 年的二十年间，银行业发展快速，当前规模巨大，认为我国的银行业规模已经处于高收入国家的水平[128]；李娟在研究中国银行业市场结构对金融稳定的影响时发现，银行业通过效率和竞争能力的提高对金融体系稳定具有重要影响，银行业的发展对金融体系稳定具有长期的正面影响[129]。应当说明，存款是银行最为主要的资金来源，也是银行安全性的保证，足够的存款既能保证银行的偿付能力，也可以增强银行的盈利能力，因此，本书选取银行业存款余额增速作为衡量正规金融发展水平的变量，并将其纳入此处的控制变量中。

保险业也是我国金融系统的重要组成部分之一，并且在近几年得到了快速的发展，保险市场与信贷、货币和资本市场的关联性不断加强，其发展状况也会对金融体系稳定性产生影响。杨明亮、戴娟在研究保险风险对金融稳定的影响时发现，保险市场的风险对银行业具有溢出效应，日益成为系统性风险发展的源泉[130]。郭晓莉研究表明，虽然保险业对金融体系稳定的溢出影响小于银行业，但也是导致金融体系稳定性波动的重要因素[131]。因此，我们认为保险业对于金融体系的稳定性也是有一定重要影响的，本书选取保险深度（保费收入与 GDP 之比）作为影响金融体系稳定性的控制指标。

在我国经济快速发展过程中，政府的投资和引导扮演着非常重要的角色，政府的行为也会对地区的金融体系稳定性产生影响。李卉、付文林在研究财政对区域金融稳定的影响时发现，财政收入与金融风险之间呈反向变动的关系，其影响结果非常显著[117]。即政府财政收入的提高会降低地区的金融风险，有利于该区域金融体系稳定性的提高。因此，本书将政府财政收入/GDP 作为影响金融体系稳定性的控制变量。

影响金融稳定性的控制变量还需要纳入制度层面的因素。我国作为典型的经济转型国家，经济市场化进程对我国经济增长和金融稳定均具有深远影响。王道平发现，利率市场化和存款保险制度能够显著降低系统性金融风险[132]。因此，本书将市场化指数作为各地区制度环境特征指标，数据来源于王小鲁、樊纲、胡李鹏著的《中国分省份市场化指数报告（2018）》。

另外，本书在控制变量中还加入了地区宏观经济环境变量和货币政策环境变量。宏观经济直接影响金融体系稳定性表现在宏观经济周期性是导致金融脆弱性以及金融危机的一个重要的因素。宏观经济出现紧缩态势，会导致市场萎缩、企业经营环境恶化和偿债能力降低等情况，有可能给金融机构的平稳运行产生负面的影响。因此选择各地区人均生产总值作为影响金融稳定的控制变量。货币政策的宽松与紧缩是影响市场流动性的至关重要的因素，因而货币政策会通过影响金融主体的投资行为而对金融稳定产生重要影响，因此本书选取M2与全国层面GDP的比值作为货币环境变量，并将其纳入模型的控制变量中。

综上可见，本书采用各地区的银行业金融机构存款余额增速(deposit growth，DG)反映正规金融发展水平；用保险深度(insurance depth，ID)反映保险业发展水平；使用财政收入/GDP(revenue/GDP，RGDP)代表财政收入水平，以反映政府的行为；用市场化指数(Market)反映市场化水平；选用人均GDP(aGDP)代表宏观经济发展水平；采用广义货币供应量(M2/GDP)反映货币政策环境。此处选取的变量如表5-1所示。

表5-1　模型变量说明表

变量性质	变量含义	符号	定义
被解释变量	金融稳定性指标	FSI	将诸多反映金融稳定性的指标体系利用主成分分析法进行合成，数值越大，表示该地区的金融稳定性水平越高
核心解释变量	民间金融发展水平	IF	用地区民间金融规模与地区生产总值的比值表示，数值越大，表示民间金融发展水平越高
控制变量	正规金融发展水平	DG	用地区银行存款余额增长率表示，数值越大，银行业存款余额增速越快
	保险深度	ID	用地区保费收入与该地区生产总值之比表示，数值越大，保险深度指标越大
	政府行为	RGDP	用地区财政收入与该地区生产总值之比表示，数值越大，财政收入水平越高
	市场化指数	Market	用地区市场化指数的年增长率表示，数值越大，市场化程度越高
	宏观经济发展水平	aGDP	用地区人均生产总值表示，数值越大，宏观经济环境越好
	货币政策环境	M2r	用全国各年度M2与GDP的比值表示

关于上述变量的数据来源，本书利用万得（Wind）数据库、中经网数据库、中国统计年鉴、各地区统计年鉴以及金融运行报告搜集了我国除西藏外 30 个省、自治区、直辖市 2006—2018 年的年度省际面板数据，并借助 Excel 2019 和 Stata 15.1 统计软件对数据进行了整理和分析。关键解释变量民间金融发展水平指标为笔者按上文变量说明所述方法手动整理而成。

5.3　空间计量实证分析

5.3.1　描述性统计与相关性分析

在进行具体的实证分析之前，本书首先通过平均值、标准差、极大值、极小值等统计量来分析描述各个变量对应样本资料的分布结构，其中平均值能够反映样本资料的集中趋势，标准差能够反映样本的分散和波动状态。

表 5-2 描述了 2006—2018 年全国层面金融稳定性指标、民间金融发展水平和控制变量的样本数据特征，整个样本共有 390 个有效的观测值。被解释变量金融稳定性指标（FSI）为各指标经过主成分分析合成的标准化数据，因此其均值为 0。就平均值与标准差的关系而言，各解释变量的标准差均小于平均值，表明本书所选数据质量较好，不存在极端值问题；从最小值和最大值来看，在样本统计区间内，我国各省区市金融稳定性差异较大，这也说明，本书运用省际面板数据能够更为准确地对区域金融稳定性与民间金融的关系进行分析。

表 5-2　描述性统计

变量	观测值	平均值	标准差	最小值	中位数	最大值
FSI	390	0.000	0.648	−1.784	−0.055	3.497
IF	390	0.291	0.226	0.080	0.196	1.442
DG	390	0.154	0.073	0.048	0.151	0.404
ID	390	0.030	0.010	0.008	0.028	0.071
RGDP	390	0.105	0.045	0.054	0.097	0.739
Market	390	6.596	1.982	1.814	6.495	12.068
aGDP	390	4.252	2.543	0.579	3.764	13.979
M2r	390	1.817	0.201	1.488	1.809	2.095

表 5－3 给出了各自变量之间的 Pearson 相关性检验结果。从表 5－3 可知，各自变之间相关性均不超过 0.7，因此可以说明本书所选自变量不存在明显的共线性问题，因此本书变量选取较为合理，接下来的回归分析结果可靠。

表 5－3　相关性分析

变量	IF	aGDP	DG	ID	RGDP	Market	M2r
IF	1						
aGDP	0.516***	1					
DG	−0.544***	−0.435***	1				
ID	0.618***	0.406***	−0.305***	1			
RGDP	0.266***	0.433***	−0.162***	0.380***	1		
Market	0.370***	0.679***	−0.346***	0.262***	0.247***	1	
M2r	0.638***	0.550***	−0.487***	0.446***	0.296***	0.214***	1

5.3.2　空间效应诊断

从前文空间探索性分析和莫兰指数检验可以看出，本书所选用指标确实存在明显的空间集聚特征，因此接下来使用空间计量模型对民间金融发展与区域金融体系稳定性的关系进行回归分析。

在正式回归前，先根据 Anselin 所提供的方法，对设定模型所表示的基础计量模型进行 OLS 混合回归，再根据回归结果对其进行空间效应 LM 诊断，以确认本书所构建的计量模型中是否存在空间关联效应以及空间效应的类型。空间效应诊断结果见表 5－4。

表 5－4　空间效应诊断

检验名	空间邻近矩阵		地理距离矩阵		经济地理距离矩阵	
	统计量	p 值	统计量	p 值	统计量	p 值
Spatial error：						
Moran's I	8.949	0.000	16.087	0.000	14.336	0.000
Lagrange multiplier	72.28	0.000	197.17	0.000	155.641	0.000
Robust Lagrange multiplier	33.671	0.000	67.004	0.000	53.463	0.000
Spatial lag：						
Lagrange multiplier	41.594	0.000	131.6	0.000	102.345	0.000
Robust Lagrange multiplier	2.985	0.084	1.433	0.231	0.167	0.683

三种空间权重矩阵的空间效应 LM 诊断结果表明，除个别检验项外，无论是空间误差效应还是空间滞后效应检验，均拒绝“不存在空间效应”的原假设。这说明，应该在计量模型中包含空间效应项。因此，本书接下来利用空间计量模型对上文提出的假设进行验证。

5.3.3　空间计量分析

空间计量模型包括多种，一种是空间自相关模型（spatial autoregressive model，简称 SAR），一种是空间误差模型（spatial errors model，简称 SEM），还有一种是空间杜宾模型（spatial Durbin model，简称 SDM）。三个模型之间存在一定的联系，SDM 模型是一般的模型。SDM 模型表达式如下：

$$\boldsymbol{Y}_{nt} = \alpha + \rho \boldsymbol{W}_n \boldsymbol{Y}_{nt} + \beta \boldsymbol{X}_{nt} + \theta \boldsymbol{W}_n \boldsymbol{X}_{nt} + \boldsymbol{\mu}_n + \boldsymbol{v}_t + \boldsymbol{\varepsilon}_{nt} \tag{5-7}$$

式中，$\boldsymbol{Y}_{nt}$ 是 $nt \times 1$ 维被解释变量；$\boldsymbol{X}_{nt}$ 是 $nt \times k$ 维解释变量；$\boldsymbol{\varepsilon}_{nt}$ 为独立同分布随机误差向量；$\boldsymbol{W}_n\boldsymbol{Y}_{nt}$ 为空间滞后项；$\boldsymbol{W}_n$ 为 $n \times n$ 维空间面板权重矩阵，构建方法同上述公式；$\boldsymbol{\mu}_n$ 为 $n \times 1$ 维个体固定效应列向量；$\boldsymbol{v}_t$ 为 $t \times 1$ 维时间固定效应列向量；$\alpha, \rho, \beta, \theta$ 为待估参数。

由 SDM 模型的公式（5－7）得，当 θ 等于 0 时，SDM 模型可转化为 SAR 模型；当 $\rho = -\theta\beta$ 时，此时的 SDM 模型又可转化为 SEM 模型。LeSage 和 Pace 由此认为，可将 SAR 模型和 SEM 模型视为 SDM 模型施加约束后的特例，在选择空间计量模型时首先考虑 SDM 模型[133-134]。前文的空间效应诊断表明，本书所选取的变量既存在空间关联效应，也存在空间误差效应。基于此，本书接下来使用 SDM 模型对所研究假设进行回归分析。由于货币政策变量 M2r 仅随时间变化，对各省区市均相同，因此在回归过程中 M2r 仅作为本地变量出现，而未被纳入空间效应项（杜宾项）中。为避免遗漏变量对回归结果产生影响，在回归过程中，本书同时控制了个体效应项和时间效应项。

空间邻近矩阵、地理距离矩阵以及经济地理距离矩阵三个矩阵的空间杜宾模型的空间计量回归结果如表 5－5 所示。

表 5-5 空间计量回归结果

变量	(1)	(2)	(3)
	空间邻近	地理距离	经济地理距离
IF	0.155**	0.077***	0.089***
	(2.127)	(2.534)	(2.620)
aGDP	−0.057***	−0.047***	−0.046***
	(−2.956)	(−2.820)	(−2.725)
DG	1.554***	1.712***	1.733***
	(4.385)	(4.556)	(4.681)
ID	18.227***	18.375***	17.672***
	(6.445)	(6.437)	(6.034)
RGDP	−1.868***	−1.638***	−1.578***
	(−4.451)	(−3.833)	(−3.670)
Market	−0.049**	−0.067***	−0.070***
	(−2.397)	(−3.472)	(−3.688)
M2r	−0.557***	−0.199*	−0.372*
	(−3.233)	(−1.931)	(−1.776)
_cons	1.495***	0.447	0.561
	(4.269)	(0.878)	(1.140)
Wx:			
IF	0.151***	0.227***	0.232*
	(2.696)	(2.554)	(2.088)
aGDP	−0.041	−0.082	−0.083*
	(−1.378)	(−1.641)	(−1.690)
DG	−1.471***	−2.079***	−1.914***
	(−3.112)	(−3.307)	(−3.536)
ID	9.441**	22.619***	22.145***
	(2.135)	(2.808)	(3.281)
RGDP	2.525***	4.095**	5.401*
	(2.844)	(2.055)	(1.903)
Market	0.054**	0.094*	0.097**
	(2.106)	(1.848)	(2.118)
N	390	390	390
r^2	0.740	0.764	0.755

注：系数下方的括号中数字为系数对应的 t 值；* 代表相应的 p 值，*** 代表 $p<0.01$，** 代表 $p<0.05$，* 代表 $p<0.1$。

Elhorst[135]、LeSage 和 Pace[136]等指出，由于空间回归模型相对于一般回归模型加入了更多信息，即加入了邻近区域信息，因此需要进一步区分清楚自变量对因变量影响效应，将此影响效应可以细分为平均总效应、平均直接效应以及平均间接效应。其中，平均总效应表示的是自变量对因变量的长期均衡影响效应，平均直接效应则表示了本单位自变量对于本单位因变量的影响效应，而平均间接效应则表示了相邻单位自变量对于本单位因变量的影响效应。下面我们继续分析民间金融对金融体系稳定性的空间效应分解情形，如表 5－6 所示。

表 5－6　空间效应分解结果

变量	(1)	(2)	(3)
	空间邻近	地理距离	经济地理距离
直接效应：			
IF	0.190***	0.172**	0.198***
	(3.285)	(2.470)	(2.644)
DG	1.488***	1.681***	1.711***
	(4.549)	(4.739)	(4.860)
ID	18.115***	17.679***	16.941***
	(6.061)	(5.829)	(5.384)
RGDP	−2.767*	−2.772**	−2.514**
	(−1.784)	(−2.343)	(−2.377)
aGDP	−0.066***	−0.055***	−0.054***
	(−3.822)	(−3.450)	(−3.316)
Market	0.044**	0.062***	0.065***
	(2.282)	(3.476)	(3.648)
间接效应：			
IF	−0.086***	−0.096**	−0.079**
	(−3.132)	(−2.376)	(−2.427)
DG	−0.300**	−0.595*	−0.173*
	(2.068)	(1.853)	(1.842)
ID	2.442	2.627	2.027
	(0.326)	(1.323)	(1.495)
RGDP	−1.651***	−1.432***	−1.265**
	(−3.580)	(−2.938)	(−2.350)
aGDP	−0.107***	−0.277**	−0.282**
	(−2.563)	(−2.287)	(−2.254)
Market	0.053*	0.128*	0.130**
	(1.876)	(2.050)	(2.203)

续表

变量	(1)	(2)	(3)
	空间邻近	地理距离	经济地理距离
总效应：			
IF	0.104**	0.076**	0.119**
	(2.392)	(2.295)	(2.221)
DG	1.188**	1.086***	1.538**
	(2.288)	(2.649)	(2.380)
ID	20.557***	19.946**	18.968**
	(2.737)	(2.476)	(2.573)
RGDP	−4.418***	−4.204*	−3.779*
	(2.604)	(2.040)	(2.073)
aGDP	−0.173***	−0.331***	−0.336***
	(−4.291)	(−2.694)	(−2.616)
Market	0.097	0.190	0.195
	(0.284)	(0.562)	(0.627)

注：系数下方的括号中数字为系数对应的 t 值；* 代表相应的 p 值，*** 代表 $p<0.01$，** 代表 $p<0.05$，* 代表 $p<0.1$。

从表 5－6 的回归结果可以看出，无论是空间邻近矩阵、地理距离矩阵还是地理经济距离矩阵，各变量回归系数大小相近，显著性也较为一致，因此可以说明本书的回归结果稳健。由于经济地理距离矩阵综合了空间因素和社会经济因素，因此所得结果最为客观，接下来主要以经济地理矩阵的回归结果（第三列）作为分析的主要依据。

就具体的回归结果而言，核心解释变量 IF 的总效应系数为 0.119，在 5％的检验水平上显著为正。由于总效应是长期均衡效应的反映，因此总效应显著为正，说明就长期而言，民间金融的发展有助于区域金融稳定，即作为正规金融的重要补充，民间金融的发展有效缓解了正规金融缺位所导致的企业尤其是民营企业融资约束问题，从而增强了本地区的金融稳定性。就总效应分解而言，IF 直接效应系数为 0.198，在 1％的检验水平上显著为正，说明本地区的民间金融发展水平对金融稳定性具有显著的正向影响，本地区的民间金融发展水平越高，该地区的金融稳定性越好，这与总效应方向一致。IF 的间接效应系数为－0.079，在 5％的检验水平上显著为负，说明邻近地区的民间金融发展水平对本地区的金融稳定性具有显著的负向影响，邻近地区的民间金融发展水平越高，越不利于本地区的金融稳定。这是因为，民间金融活动具有较强的虹吸效应，若一个地区民间金融发展水平较高，将导致邻近地区民间金融资源流向该地区，从而导致邻近地区民间金融资源匮乏，从而不利于邻近地区的金融稳定。

就控制变量而言，正规金融发展水平变量 DG 总效应系数为 1.538，且在 5%的显著性水平通过了检验，这就说明正规金融发展有利于我国区域金融稳定；DG 的直接效应系数为 1.711，在 1%的检验水平上显著为正，间接效应系数为 −0.173，在 10%的检验水平上显著为负，说明本地区正规金融的发展能够有效促进本地区金融稳定，但也会吸引邻近地区的金融资源流向本地，从而不利于邻近地区金融稳定，这与民间金融对金融稳定性的影响模式一致。保险深度变量 ID 的总效应系数为 18.968，在 5%的检验水平上显著为正，说明保险业的发展能够显著促进区域金融稳定；而 ID 的直接效应系数显著为正，间接效应系数不显著，说明保险业发展主要对本地区金融稳定产生影响，空间溢出效应并不明显。财政收入变量 RGDP 的总效应系数为−3.779，在 10%的检验水平上显著为负，说明财政收入越多，越不利于区域金融稳定，而 RGDP 无论直接效应系数还是间接效应系数均显著为负，说明财政收入越多不仅不利于本地区的金融稳定，还会形成示范效应，导致相邻地区财政收入增加，从而导致邻近地区金融稳定性恶化。宏观经济发展水平变量 aGDP 总效应系数为负，且通过在 1%的显著性水平上的检验，直接效应与间接效应系数也均显著为负，表明经济发展水平越高的地区，金融稳定性越差。这说明，随着经济的不断发展，经济和金融环境日益复杂，经济活动对金融稳定性的冲击也日益加深。这也从侧面说明了研究金融稳定性影响因素的重要性。另外，从表 5 - 5 中可以看出，货币政策环境变量 M2r 在三列回归结果中均显著为负，说明在我国，宽松的货币环境并不利于区域金融稳定。

综上可见，空间计量回归结果显示，民间金融总效应显著为正，说明从长期来看，民间金融发展有助于区域金融体系稳定，即从历史长视角来看，民间金融的发展有益于区域金融体系的稳定；从效应分解来看，民间金融对金融体系稳定性的直接效应显著为正，说明本地区的民间金融发展有利于本地区的金融稳定；民间金融对金融体系稳定性的间接效应显著为负，说明邻近地区的民间金融发展不利于本地区的金融体系稳定。空间邻近、地理距离和社会经济距离矩阵结果一致，说明本书回归结果具有稳健性。

5.4 本章小结

本章利用空间计量模型分析了民间金融对金融体系稳定性的空间溢出效应，研究发现：民间金融对金融体系稳定性的总效应显著为正，说明从长期来看，民间金融发展有助于区域金融稳定。从效应分解来看，直接效应显著为正，说明本地区的民间金融发展有利于本地区的金融稳定；间接效应显著为负，说明邻近地区的民间金融发展不利于本地区的金融体系稳定，或者本地区民间金融发展对相邻地区的金融体系稳定产生不利影响。空间邻近、地理距离和社会经济距离矩阵结果一致，说明本书回归结果具有稳健性。因此，前文研究假设 1 得到验证，即民间金融对金融体系稳定性具有显著的溢出效应，且民间金融对金融体系稳定性具有空间溢出效应。

第6章 民间金融对金融体系稳定性影响效应的作用路径研究

前文研究发现,民间金融发展对区域金融稳定性产生正向影响,而且民间金融发展水平能够对金融体系稳定性产生空间溢出效应,那么,民间金融对金融体系稳定性影响效应的作用渠道是什么?这种影响效应是否存在普遍意义上的时空非对对称性?本书接下来利用中介效应模型,从需求侧出发,分析民间金融影响金融体系稳定性的作用路径问题。

6.1 民间金融对金融体系稳定性影响效应作用路径的存在性分析

6.1.1 回归模型方法说明

前文分析表明,民间金融发展水平能够对金融体系稳定性产生影响。在此基础上,接下来利用中介效应模型,从需求侧出发,分析民间金融通过投资、消费及贸易因素影响金融稳定性的作用路径是否存在。

除直接影响外,解释变量对被解释变量还可以通过其他路径产生影响,这个其他路径我们称之为中介变量。当中介变量只有一个时,为中介效应模型;当中介变量为多个时,就是多重中介模型。中介效应模型具体如图6-1所示。

中介效应模型分为总效应以及直接效应、中介效应。若系数 c' 在统计上显著,那么就表明解释变量 X 对于被解释变量 Y 具有影响总效应;同时,若系数 c 具有统计上的显著性,则表明解释变量 X 对被解释变量 Y 具有影响的直接效应。由图6-1可知,解释变量 X 通过第一个渠道 M_1(中介变量)对被解释变量 Y 产生影响的中介效应大小为 $a_1 \times b_1$,通过第二个渠道 M_2(中介变量)产生的中介效应则为 $a_2 \times b_2$。那么对于中介效应是否存在应该如何断定?Zhao 等给出具体判断方法[137],即若中介变量 M 对解释变量 X 的回归系数 a 通过显著性检验,同时还要满足被解释变量 Y 对中介变量 M 的回归系数 b 也存在统计上的显著性,由此就认

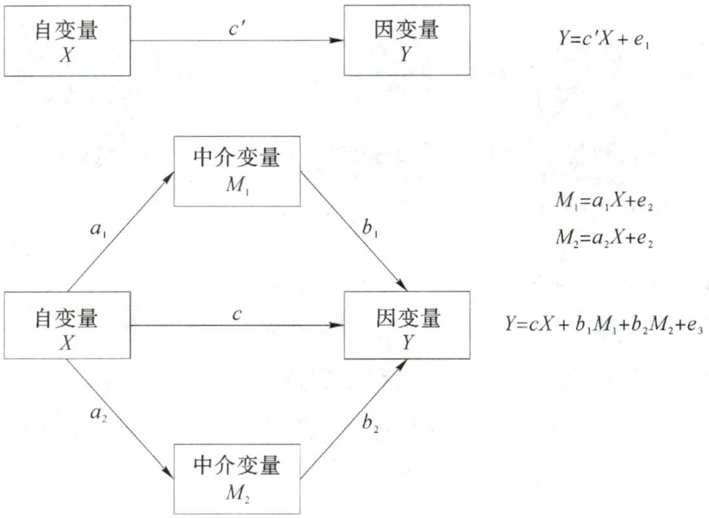

图 6-1　多重中介效应示意图

为此条中介效应是存在的。若检验结果是 a、b 只有一个显著，则采用 Bootstrap 法进行联合显著性验证。Bootstrap 法具体的操作程序是：首先，在原始样本中，有放回地抽取样本 n 个；其次，在已抽取的 n 个样本中，检验并计算中介效应估计系数 ab；再次，继续重复上述步骤若干次，对所有估计值进行平均化，并把估计值 ab 按数值大小进行排序，从而序列 C 形成，使用序列 C 的第 2.5 百分位数和第 97.5 百分位数来估计 95%的中介效应置信区间；最后，基于以上 ab 点估计值与置信区间，判断置信区间是否包含 0。如果 0 在置信区间内，说明中介效应系数为 0，因而否定中介效应存在；若 0 不在置信区间内，则说明中介效应是存在的。进一步地，如果中介效应存在，那么若 $a \times b \times c > 0$，则说明中介变量进一步强化了解释变量对被解释变量的影响效应；而如果 $a \times b \times c < 0$，则说明中介变量弱化了解释变量对被解释变量的影响效应。

6.1.2　计量模型构建

根据方杰等[138]、Zhao 等[137]提出的中介效应检验程序，本书首先验证民间金融发展对金融稳定性的总效应，构建计量模型如公式(6-1)所示。

$$\mathrm{FSI}_{it} = a_0 + a_1 \mathrm{IF}_{it} + a_2 X_{it} + \varepsilon_{it} \tag{6-1}$$

式中，i 省份 t 时期金融体系稳定性指标FSI_{it}为被解释变量；民间金融发展水平指标IF_{it}为核心解释变量；X_{it}为一组控制变量，主要选取的控制变量有正规金融发展水平、保险深度、政府行为、市场化指数、宏观经济发展水平以及货币政策环境，具体含义见表6-1；ε_{it}为随机扰动项。

表6-1　中介效应回归变量说明表

变量性质	变量含义	符号	定义
被解释变量	金融稳定性指标	FSI	利用诸多反映经济发展的次级指标进行合成，数值越大，该地区的金融稳定性水平越高
中介变量	投资水平指标	invr	用固定建设投资总额与地区生产总值的比值表示，数值越大，该地区投资水平越高
	消费水平指标	conr	用社会消费品零售总额与地区生产总值的比值表示，数值越大，该地区消费水平越高
	贸易水平指标	trar	用进出口贸易总额与地区生产总值的比值表示，数值越大，该地区的贸易水平越高
核心解释变量	民间金融发展水平	IF	用地区民间金融规模与地区生产总值的比值表示，数值越大，民间金融发展水平越高
控制变量	宏观经济发展水平	aGDP	用地区人均生产总值表示，数值越大，宏远经济环境越好
	正规金融发展水平	DG	用地区银行存款余额增长率表示，数值越大，银行业存款余额增速越快
	保险深度	ID	用地区保费收入与该地区生产总值之比表示，数值越大，保险深度指标越大
	政府行为	RGDP	用地区财政收入与该地区生产总值之比表示，数值越大，财政收入水平越高
	市场化指数	Market	用地区市场化指数的年增长率表示，数值越大，市场化程度越高
	货币政策环境	M2r	用全国各年度M2与GDP的比值表示

继而验证民间金融发展与中介变量的关系，构建计量模型如公式(6-2)至(6-4)所示。式中，中介变量投资指标$invr_{it}$、消费指标$conr_{it}$和贸易指标$trar_{it}$分别作为被解释变量，民间金融发展水平指标IF_{it}为核心解释变量，X_{it}含义与公式(6-1)相同，u_{it}，v_{it}，z_{it}为随机扰动项。

$$\text{invr}_{it} = \beta_{01} + \beta_{11}\ \text{IF}_{it} + \beta_{21}\ X_{it} + u_{it} \tag{6-2}$$

$$\text{conr}_{it} = \beta_{02} + \beta_{12}\ \text{IF}_{it} + \beta_{22}\ X_{it} + v_{it} \tag{6-3}$$

$$\text{trar}_{it} = \beta_{03} + \beta_{13}\ \text{IF}_{it} + \beta_{23}\ X_{it} + z_{it} \tag{6-4}$$

在构建公式(6－1)和公式(6－2)至(6－4)的基础上，为最终验证民间金融发展对区域金融稳定性的影响路径，本书构建计量模型如公式(6－5)所示。公式(6－5)中各指标含义与公式(6－1)、公式(6－2)至(6－4)相同，w_{it} 为随机扰动项。

$$\text{FSI}_{it} = \gamma_0 + \gamma_1\ \text{IF}_{it} + \gamma_{21}\ \text{invr}_{it} + \gamma_{22}\ \text{conr}_{it} + \gamma_{23}\ \text{trar}_{it} + \gamma_3\ X_{it} + w_{it} \tag{6-5}$$

如果公式(6－2)至(6－4)中中介变量M_{it}对解释变量IF_{it}的计量系数β_1具有显著性，且公式(6－5)中的被解释变量FSI_{it}对中介变量M_{it}的计量系数γ_2具有统计上的显著性，则M_{it}所代指的变量的中介效应存在，即民间金融可以通过该路径影响金融体系稳定性；如果β_1，γ_2最多有一个显著，则利用 Bootstrap 法检验二者的联合显著性。

此处涉及的变量，数据来源于万得(Wind)数据库、中经网数据库、中国统计年鉴、各地区统计年鉴以及金融运行报告。针对各变量均搜集了我国除西藏外 30 个省区市 2006—2018 年的年度省际面板数据，并进行了系统整理。

6.1.3 回归结果分析

关于此处全样本数据的描述性统计与相关分析将与 6.2 节的分时间回归的描述性统计与相关分析统一列示。因此此处接下来将直接基于中介效应框架分析民间金融对金融体系稳定性的溢出影响及其路径。考虑到被解释变量及中介变量的路径依赖特性及遗漏变量问题，本书采用广义矩估计方法(GMM)，在解释变量中放入被解释变量的一阶滞后以控制历史因素对当期被解释变量的影响；同时考虑到金融稳定与金融发展之间的双向因果关系造成的内生性问题(计量上我们又称为“回路效应”)，将民间金融发展水平(IF)以及正规金融发展水平(DG)纳入内生变量，以求得更为准确客观的结果。在计量上 GMM 有两种，一种是差分 GMM(DIF-GMM)，一种是系统 GMM(SYS-GMM)。一般情况下，系统 GMM 能够很好地解决弱工具变量问题，使得模型估计效率大幅提高，因此系统 GMM 又优于差分 GMM，此处我们也选用系统 GMM；采用系统 GMM 首先要进行一些相关前提性检验，即扰动项是否存在自相关检验以及工具变量设定是否合理检验。一般采用 AR(2)检验模型扰动项是否存在自相关问题，其原假设为模型残差项不存在二阶自相关；采用 Sargan 统计量实现工具变量设定是否合理检验，其原假设为所有工具变量都是有效的。出于对不同路径经济重要性进行比较的目的，本书在回归分析前对所有变量数据进行了标准化处理。民间金融对金融体系稳定性的影响及其路径分析的回归结果见表 6－2 和表 6－3。

表 6－2　省际层面回归结果

变量	(1)	(2)	(3)	(4)	(5)
	std_FSI	std_invr	std_conr	std_trar	std_FSI
std_invr					0.313***
					(10.446)
std_conr					0.646***
					(9.170)
std_trar					0.330***
					(3.322)
std_IF	0.162***	0.151***	0.046**	0.091***	0.148***
	(6.305)	(5.560)	(2.167)	(10.186)	(2.847)
std_DG	0.126***	0.097***	0.022***	0.052***	0.020
	(6.601)	(7.389)	(3.751)	(26.647)	(1.368)
std_aGDP	−0.460***	−0.137***	−0.285***	0.053***	−0.896***
	(−8.707)	(−5.785)	(−6.758)	(6.000)	(−16.084)
std_ID	0.375***	0.131***	0.027**	0.174***	0.168***
	(16.031)	(5.372)	(2.327)	(32.337)	(4.752)
std_RGDP	−0.125***	−0.026*	0.002	0.012	−0.100***
	(−6.899)	(−1.865)	(0.954)	(1.620)	(−15.691)
std_Market	0.470***	0.146***	0.111***	0.025***	0.549***
	(6.716)	(5.464)	(6.088)	(3.791)	(13.773)
std_M2r	−0.074	0.215***	0.243***	−0.151***	−0.253***
	(−1.391)	(16.337)	(16.355)	(−49.784)	(−4.416)
L. std_FSI	0.335***				0.132**
	(7.442)				(2.572)
L. std_invr		0.962***			
		(43.069)			

续表

变量	(1)	(2)	(3)	(4)	(5)
	std_FSI	std_invr	std_conr	std_trar	std_FSI
L. std_conr			0.938***		
			(20.426)		
L. std_trar				0.853***	
				(94.485)	
_cons	−0.029	0.099***	0.100***	−0.030***	−0.007
	(−0.853)	(9.124)	(10.113)	(−3.131)	(−0.148)
N	360	360	360	360	360
chi2	14843.226	22564.833	10853.091	1.48e+05	6538.770
p	0.000	0.000	0.000	0.000	0.000
Sargan	0.890	0.867	1.000	0.926	1.000
AR(2)	0.391	0.400	0.304	0.474	0.263

注：系数下方的括号中数字为系数对应的 t 值；*** 代表 $p<0.01$，** 代表 $p<0.05$，* 代表 $p<0.1$；Sargan 和 Ar(2)对应的检验结果均为 p 值。

表 6-3 省际层面民间金融影响经济金融体系稳定性的中介路径分析

自变量	总效应	直接效应	中介路径	a	b	中介效应($a\times b$)	性质
民间金融发展水平(IF)	0.162*** (6.305)	0.148*** (2.847)	投资(invr)	0.151*** (5.560)	0.313*** (10.446)	0.047	正向
			消费(conr)	0.046** (2.167)	0.646*** (9.170)	0.030	正向
			贸易(trar)	0.091*** (10.186)	0.330*** (3.322)	0.030	正向

注：a 代表中介变量对自变量的回归系数，b 代表因变量对中介变量的回归系数，$a\times b$ 代表中介效应。

系数下方的括号中数字为系数对应的 t 值；* 代表相应的 p 值，*** 代表 $p<0.01$，** 代表 $p<0.05$，* 代表 $p<0.1$。

表 6－2 中第(1)列为自变量民间金融发展水平(IF_{it})对因变量金融稳定性指标(FSI_{it})影响的总效应回归结果[公式(6－1)]；第(2)～(4)列为自变量民间金融发展指标(IF_{it})对中介变量投资指标($invr_{it}$)、消费指标($conr_{it}$)和贸易指标($trar_{it}$)影响的回归结果[公式(6－2)至(6－4)]；第(5)列为中介变量投资指标($invr_{it}$)、消费指标($conr_{it}$)和贸易指标($trar_{it}$)对因变量金融稳定性(FSI_{it})影响的回归结果。针对系数联合显著性的 Wald chi2 检验 p 值均为 0.000，说明此处计量模型的设定是有效的。同时可以发现，SYS-GMM 应用前提性的模型扰动项是否存在自相关检验以及工具变量设定是否合理检验结果表明，Ar(2)的检验显著性的 p 值大于 0.1，说明模型扰动项二阶差分不存在序列自相关性；且 Sargan 的统计性 p 值也大于 0.1，说明模型的工具变量设定是有效的，因此，总的来看，本书此处的 SYS-GMM 回归结果是有效的。

从总效应层面来看，第(1)列回归结果显示，金融体系稳定性指标(FSI)对民间金融发展水平指标(IF)的回归系数为 0.162，在 90%的置信水平上显著为正，表明民间金融发展对金融稳定性存在净的正向影响，民间金融发展水平越高，越有利于区域金融稳定。就直接效应而言，第(5)列中金融体系稳定性指标(FSI)对民间金融发展水平指标(IF)的回归系数为 0.148，在 90%的置信水平上显著为正，说明除本书所研究的中介路径(投资、消费和贸易)外，民间金融还有其他影响区域金融稳定性的路径。

从中介效应层面来看，第(2)列中投资水平(invr)对民间金融发展水平(IF)的回归系数为 0.151，第(5)列中金融稳定性指标(FSI)对投资水平(invr)的回归系数为 0.313，二者均在 90%的置信水平上显著为正，因此民间金融影响区域金融稳定性的投资路径显著存在，民间金融可以通过提高投资水平促进区域金融稳定。在当前我国正规金融体系运转效率不高且存在明显的所有制歧视的情况下，民营企业面临严重的融资约束。民营企业的投资需求得不到金融支持，势必影响生产活动的正常开展，从而对经济连带金融体系产生负向冲击。民间金融的发展缓解了民营企业的融资约束，满足了民营企业的投资需求，从而促进了区域金融稳定。第(3)列中消费水平(conr)对民间金融发展水平(IF)的回归系数为 0.046，第(5)列中金融稳定性指标(FSI)对消费水平(conr)的回归系数为 0.646，二者均在 90%的置信水平上显著为正，因此民间金融影响区域金融稳定性的消费路径显著存在，民间金融可以通过提高消费水平促进区域金融稳定。民间金融作为正规金融的重要补充，除满足一般的投资性金融需求外，另一项重要功能即在于满足生活型融资需求。民间金融利用其交易成本低的优势，满足消费金融需求，完善了我国金融体系的功能，也在一定程度上降低了消费不足、产能过剩对我国金融系统的冲击，因而促进了区域金融稳定。第(4)列中贸易水平(trar)对民间金融发展水平(IF)的回归系数为0.091，第(5)列中金融稳定性指标(FSI)对贸易水平(trar)的回归系数为0.330，二者均在90%的置信水平上显著为正，因此民间金融影响区域金融稳定性的贸易路径显著存在，民间金融可以通过提高贸易水平促进区域金融稳定。随着我国工业化水平的不断提高和产业结构的逐步转型升级，我国产品的国际竞争力不断提高，贸易依存度也不断加大，国际贸易一旦受挫，必然造成我国产能过剩并引起金融体系震荡。当前我国贸易企业仍以民营企业为主，民间金融通过满足贸易型民营企业的资金需求，能够促进我国贸易水平的不断提高，进而促进区域金融稳定。

从回归结果看，民间金融对区域金融稳定性影响的投资路径、消费路径和贸易路径均显著为正，说明民间金融对区域金融稳定性影响的投资路径、消费路径和贸易路径客观存在。这主要是因为长期以来，占我国经济体量很大部分的民营经济的主要融资渠道是民间金融，民间金融通过支持民营经济的发展促进了投资和消费的增长，同时通过支持进出口民营企业发展促进了贸易发展。

6.1.4 稳健性检验

为保证回归结果的稳健性，本书将民间金融发展水平重新定义为民间金融规模的年增长率(IFG)，并对其进行标准化，进而再次进行中介效应回归分析，回归结果见表6-4和表6-5。

表 6－4　省际层面中介效应稳健性检验

变量	(1)	(2)	(3)	(4)	(5)
	std_FSI	std_invr	std_conr	std_trar	std_FSI
std_invr					0.344***
					(9.144)
std_conr					0.459***
					(11.379)
std_trar					0.216*
					(2.070)
std_IFG	0.232***	0.050*	0.071***	0.081***	0.177***
	(23.855)	(1.904)	(18.494)	(3.057)	(16.215)
std_DG	0.109***	0.134***	0.034***	0.042***	0.020
	(4.964)	(7.809)	(5.941)	(23.926)	(1.199)
std_aGDP	−0.579***	−0.132***	−0.227***	0.085***	−0.938***
	(−9.161)	(−4.604)	(−7.970)	(9.576)	(−16.167)
std_ID	−0.270***	−0.240***	−0.045***	0.118***	−0.169***
	(−9.948)	(−11.893)	(−2.986)	(25.742)	(−6.405)
std_RGDP	−0.102***	−0.019	−0.008*	0.015	−0.091***
	(−12.840)	(−1.421)	(−1.886)	(1.062)	(−8.191)
std_Market	0.541***	0.113***	0.097***	−0.038***	0.555***
	(10.535)	(4.741)	(8.672)	(−5.349)	(13.583)
std_M2r	−0.229***	−0.157***	−0.172***	−0.188***	−0.519***
	(−5.598)	(−8.057)	(−16.939)	(−36.104)	(−6.081)
L. std_FSI	0.393***				0.243***
	(10.249)				(4.603)
L. std_invr		1.017***			
		(42.554)			
L. std_conr			0.896***		
			(21.674)		
L. std_trar				0.885***	
				(173.453)	
_cons	−0.051	0.104***	0.097***	−0.026***	−0.071
	(−1.089)	(7.841)	(8.212)	(−3.849)	(−1.522)
N	360	360	360	360	360
chi2	4723.054	2730.568	1515.680	1003.256	4325.796
p	0.000	0.000	0.000	0.000	0.000
Sargan	0.998	0.875	0.924	1.000	1.000
AR(2)	0.382	0.325	0.156	0.587	0.565

注：表中第(1)列为自变量民间金融发展水平(IFG_{it})对因变量金融稳定性指标(FSI_{it})影响的总效应回归结果[公式(6－1)]；第(2)～(4)列为自变量民间金融发展水平(IFG_{it})对中介变量投资指标($invr_{it}$)、消费指标($conr_{it}$)和贸易指标($trar_{it}$)影响的回归结果[公式(6－2)至(6－4)]；第(5)列为中介变

量投资指标($invr_{it}$)、消费指标($conr_{it}$)和贸易指标($trar_{it}$)对因变量金融稳定性(FSI_{it})影响的回归结果。系数下方括号中数字为系数对应的 t 值;*** 代表 $p<0.01$,** 代表 $p<0.05$,* 代表 $p<0.1$。

表 6-5 省际层面民间金融影响金融稳定性的中介路径稳健性检验

自变量	总效应	直接效应	中介路径	a	b	中介效应($a\times b$)	性质
民间金融发展水平(IFG)	0.232*** (23.855)	0.177*** (16.215)	投资 (invr)	0.050* (1.904)	0.344*** (9.144)	0.017	正向
			消费 (conr)	0.071*** (18.494)	0.459*** (11.379)	0.033	正向
			贸易 (trar)	0.081*** (3.057)	0.216* (2.070)	0.017	正向

注:a 代表中介变量对自变量的回归系数,b 代表因变量对中介变量的回归系数,$a\times b$ 代表中介效应。

系数下方的括号中数字为系数对应的 t 值;* 代表相应的 p 值,*** 代表 $p<0.01$,** 代表 $p<0.05$,* 代表 $p<0.1$。

从表 6-4 及表 6-5 中可以发现,稳健性检验所得回归结果与前文回归结果表 6-2 及表 6-3 的系数符号和显著性较为一致,其他变量的回归系数的数值大小、方向和显著性也与前文回归分析中所得系数相似,因此可以说明本书此处回归结果稳健,所得结论可靠。

6.2 民间金融对金融体系稳定性作用路径的时间效应分析

2010 年,影响民间金融发展的"新 36 条"发布,使民间金融的发展更加阳光化,民间金融的性质也发生了质的变化,从生活性向生产性转变,逐步进入健康有序的规范发展道路。因此接下来以 2010 年为节点,分析民间金融对金融体系稳定性的影响及其路径的异质性。事实上,后文我们使用 SYS-GMM 以时间作为门限变量进行门限异质性分析,研究结果亦显示民间金融与金融体系稳定的关系在 2010 年前后存在显著异质性差异。

6.2.1 变量描述性统计与相关性分析

从计量角度看,描述性统计用以检验相关数据是否存在异常值的情况,相关性分析则用以检验本书所选取的自变量之间是否存在明显的共线性问题,此处的变量描述性统计与相关性分析如表 6-6 和表 6-7 所示。

表 6-6 描述了 2006—2018 年全样本及分时间段子样本金融稳定性指标、民间金融发展水平和控制变量的样本数据特征。可以看出，除被解释变量金融稳定性指标(FSI)外(FSI 为各指标经过主成分分析合成的标准化数据，因此其均值为 0)，各解释变量的标准差均小于均值，表明本书所选数据质量较好，不存在极端值问题。

表 6-6　2006—2018 年全国及分时间段样本描述性统计

变量	全样本			年份≤2010			年份>2010		
	观测值	均值	标准差	观测值	均值	标准差	观测值	均值	标准差
FSI	390	0.000	0.648	150	0.467	0.605	240	−0.292	0.483
IF	390	0.291	0.226	150	0.156	0.056	240	0.376	0.250
DG	390	0.154	0.073	150	0.209	0.062	240	0.119	0.056
aGDP	390	4.252	2.543	150	2.610	1.601	240	5.278	2.486
ID	390	0.030	0.010	150	0.027	0.009	240	0.032	0.010
RGDP	390	0.105	0.045	150	0.087	0.026	240	0.115	0.051
Market	390	6.596	1.982	150	6.152	1.704	240	6.873	2.093
M2r	390	1.817	0.201	150	1.614	0.121	240	1.944	0.120

表 6-7 给出了各自变量之间的 Pearson 相关性检验结果。从表中可知，各自变量之间相关性均不超过 0.7，因此可以说明本书所选自变量不存在明显的共线性问题，因此本书变量选取较为合理，此处的相关回归分析结果是可靠的。

表 6-7　自变量相关性分析

变量	FSI	IF	DG	aGDP	ID	RGDP	Market	M2r
FSI	1							
IF	−0.550***	1						
DG	0.442***	−0.544***	1					
aGDP	−0.740***	0.516***	−0.435***	1				
ID	−0.597***	0.618***	−0.305***	0.406***	1			
RGDP	−0.508***	0.266***	−0.162***	0.433***	0.380***	1		
Market	−0.500***	0.370***	−0.346***	0.679***	0.262***	0.247***	1	
M2r	−0.638***	0.638***	−0.487***	0.550***	0.446***	0.296***	0.214***	1

6.2.2 分时间段回归结果分析

1. 2006—2010 年时间段的回归结果

表 6-8 为 2006—2010 年时间段的回归结果，表中第(1)列为自变量民间金融发展水平(IF_{it})对因变量金融稳定性指标(FSI_{it})影响的总效应回归结果[公式(6-1)]；第(2)～(4)列为自变量民间金融发展水平(IF_{it})对中介变量投资指标($invr_{it}$)、消费指标($conr_{it}$)和贸易指标($trar_{it}$)影响的回归结果[公式(6-2)至(6-4)]；第(5)列为中介变量投资指标($invr_{it}$)、消费指标($conr_{it}$)和贸易指标($trar_{it}$)对因变量金融稳定性(FSI_{it})影响的回归结果。针对系数联合显著性的 Wald chi2 检验 p 值均为 0.000，说明本书模型设定有效；针对 SYS-GMM 回归有效性的检验中，各列 Sargan 和 Ar(2)的 p 值均大于 0.1，说明工具变量设定有效，扰动项的二阶差分也不存在序列自相关，因此本书的 SYS-GMM 回归结果是有效的。

表 6-8 2006—2010 年时间段的回归结果

变量	(1)	(2)	(3)	(4)	(5)
	std_FSI	std_invr	std_conr	std_trar	std_FSI
std_invr					0.271***
					(3.064)
std_conr					0.251*
					(1.824)
std_trar					0.655***
					(4.180)
std_IF	0.361*	0.285	0.440**	0.442***	0.576
	(2.075)	(0.776)	(2.363)	(3.294)	(1.011)
std_DG	0.190***	0.018	0.091***	−0.014	0.114***
	(2.839)	(1.146)	(3.583)	(−1.199)	(2.967)
std_aGDP	−0.869***	−0.416***	−0.421**	0.362***	−0.250
	(−2.701)	(−3.698)	(−2.310)	(3.657)	(−0.840)
std_ID	0.843***	0.085*	0.161**	0.164***	0.603***
	(5.176)	(2.096)	(2.480)	(5.691)	(5.262)
std_RGDP	0.303	−0.081	0.472**	0.247***	−0.062
	(0.755)	(−0.555)	(2.183)	(3.728)	(−0.226)
std_Market	0.492***	0.122***	−0.044	0.255***	0.733***
	(3.470)	(3.661)	(−0.550)	(12.658)	(8.313)

续表

变量	(1)	(2)	(3)	(4)	(5)
	std_FSI	std_invr	std_conr	std_trar	std_FSI
std_M2r	−0.514***	−0.348***	−0.082*	−0.182***	0.173
	(−4.624)	(−9.882)	(−1.967)	(−8.172)	(1.259)
L. std_FSI	0.253**				0.235***
	(2.411)				(3.930)
L. std_invr		0.415***			
		(6.609)			
L. std_conr			0.279*		
			(1.962)		
L. std_trar				0.504***	
				(22.698)	
_cons	0.482**	−0.351***	−0.106	0.528***	1.053***
	(2.463)	(−3.088)	(−0.692)	(7.886)	(2.812)
N	120	120	120	120	120
chi2	529.943	1089.639	278.836	9438.824	947.213
p	0.000	0.000	0.000	0.000	0.000
Sargan	1.000	1.000	1.000	1.000	0.997
AR(2)	0.158	0.414	0.329	0.331	0.229
投资路径的 Bootstrap 检验	统计值	0.026	置信区间	[−0.015	0.067]

注：系数下方的括号中数字为系数对应的 t 值；*** 代表 $p<0.01$，** 代表 $p<0.05$，* 代表 $p<0.1$；Sargan 和 Ar(2)对应的结果均为 p 值。

在 2010 年以前的子样本回归中，就总效应来看，第(1)列中民间金融发展水平(IF)的系数为 0.361，在 90％的置信水平上通过了显著性检验，说明民间金融对区域金融稳定性存在正向效应，民间金融发展水平越高，越有利于区域金融稳定；就直接效应来看，第(5)列中民间金融发展水平(IF)的系数为 0.576，在 90％的置信水平上没有通过显著性检验，说明除本书所列出的路径(投资、消费和贸易)外，民间金融通过其他路径对区域金融稳定性的影响并不明显。

从中介效应层面来看，第(2)列中投资水平(invr)对民间金融发展水平(IF)的回归系数为 0.285，在 90％的置信水平上没有通过显著性检验；第(5)列中金融稳定性指标(FSI)对投资水平(invr)的回归系数为 0.271,在 90%的置信水平上显著为正。因此在 2010 年前的子样本中民间金融影响区域金融稳定性的投资路径是否存在需要经过 Bootstrap 检验,检验结果显示,中介效应统计值的置信区间将 0 包括在内,因此 2010 年前民间金融通过投资促进区域金融稳定的中介路径并不存在。这是因为,在 2010 年以前,民间金融发展水平较低,规模相对较小,尚不具备为大型投资项目融资的能力,因此在 2010 年以前,民间金融对投资的影响不大,因而民间金融通过投资影响金融稳定的路径也不明显。第(3)列中消费水平(conr)对民间金融发展水平(IF)的回归系数为 0.440,第(5)列中金融稳定性指标(FSI)对消费水平(conr)的回归系数为 0.251,二者均在 90%的置信水平上显著为正,因此在 2010 年以前的子样本中,民间金融影响区域金融稳定性的消费路径显著存在,民间金融可以通过提高消费水平促进区域金融稳定。第(4)列中贸易水平(trar)对民间金融发展水平(IF)的回归系数为 0.442,第(5)列中金融稳定性指标(FSI)对贸易水平(trar)的回归系数为 0.655,二者均在 90%的置信水平上显著为正,因此在 2010 年前的子样本中,民间金融影响区域金融稳定性的贸易路径显著存在,民间金融可以通过提高贸易水平促进区域金融稳定。消费路径和贸易路径与全样本的回归结果是一致的。

2. 2011—2018 年时间段的回归结果

表 6-9 为 2011—2018 年时间段的回归结果,表中第(1)列为自变量民间金融发展水平(IF_{it})对因变量金融稳定性指标(FSI_{it})影响的总效应回归结果[公式(6-1)];第(2)~(4)列为自变量民间金融发展水平(IF_{it})对中介变量投资指标($invr_{it}$)、消费指标($conr_{it}$)和贸易指标($trar_{it}$)影响的回归结果[公式(6-2)至(6-4)];第(5)列为中介变量投资指标($invr_{it}$)、消费指标($conr_{it}$)和贸易指标($trar_{it}$)对因变量金融稳定性指标(FSI_{it})影响的回归结果。针对系数联合显著性的 Wald chi2 检验 p 值均为 0.000,说明模型设定有效;针对 SYS-GMM 回归有效性的检验中,各列 Sargan 和 Ar(2)的 p 值均大于 0.1,这说明工具变量设定有效,扰动项的二阶差分也不存在序列自相关,因此本书的 SYS-GMM 回归结果是有效的。

表 6－9　2011—2018 年时间段的回归结果

变量	(1)	(2)	(3)	(4)	(5)
	std_FSI	std_invr	std_conr	std_trar	std_FSI
std_invr					0.101**
					(2.414)
std_conr					0.171*
					(1.980)
std_trar					0.386***
					(2.736)
std_IF	0.123***	0.195***	0.256***	0.295***	0.166***
	(3.726)	(8.618)	(3.038)	(7.481)	(3.618)
std_DG	0.111***	0.057***	0.036***	0.041***	0.135***
	(4.050)	(4.845)	(3.714)	(36.457)	(10.651)
std_aGDP	−0.167***	−0.229***	−0.723***	−0.016*	0.226*
	(−2.641)	(−3.606)	(−13.672)	(−2.029)	(1.701)
std_ID	0.021	−0.222***	−0.150***	0.135***	0.126***
	(0.459)	(−10.222)	(−9.685)	(33.722)	(7.969)
std_RGDP	−0.090***	−0.020*	−0.001	0.011	−0.088***
	(−3.648)	(−2.007)	(−0.382)	(1.212)	(−12.578)
std_Market	−0.034	0.233***	0.429***	0.001	0.271**
	(−0.545)	(6.882)	(15.700)	(0.126)	(2.540)
std_M2r	−0.272***	−0.395***	−0.520***	−0.160***	−0.726***
	(−6.001)	(−8.948)	(−17.682)	(−29.409)	(−6.638)
L.std_FSI	0.412***				0.051
	(7.941)				(0.981)
L.std_invr		0.932***			
		(35.151)			
L.std_conr			0.804***		
			(20.318)		
L.std_trar				0.877***	
				(244.565)	
_cons	−0.048	0.018	0.085***	0.035***	−0.040
	(−1.485)	(1.359)	(3.429)	(4.631)	(−0.911)
N	240	240	240	240	240
chi2	973.223	2147.435	1088.906	2270.355	1537.209
p	0.000	0.000	0.000	0.000	0.000
Sargan	0.995	1.000	1.000	0.870	0.986
AR(2)	0.455	0.325	0.352	0.293	0.347

注：系数下方的括号中数字为系数对应的 t 值；* 代表相应的 p 值，*** 代表 $p<0.01$，** 代表 $p<0.05$，* 代表 $p<0.1$；Sargan 和 Ar(2)对应的结果均为 p 值。

在 2011 年以后的子样本回归中，就总效应来看，第(1)列中民间金融发展水平(IF)的系数为 0.123，在 90%的置信水平上通过了显著性检验，说明民间金融对区域金融稳定性存在正向效应，民间金融发展水平越高，越有利于区域金融稳定；就直接效应来看，第(5)列中民间金融发展水平(IF)的系数为 0.166，在 90%的置信水平上显著为正，说明除本书所列出的路径(投资、消费和贸易)外，民间金融还可以通过其他路径对区域金融稳定性产生正向影响。

从中介效应层面来看，第(2)列中投资水平(invr)对民间金融发展水平(IF)的回归系数为 0.195，第(5)列中金融稳定性指标(FSI)对投资水平(invr)的回归系数为0.101，二者均在 90%的置信水平上显著为正，因此在 2011 年以后的子样本中民间金融影响区域金融稳定性的投资路径显著存在，民间金融可以通过促进投资而提升区域金融稳定性程度。相比于 2010 年以前，在 2011 年以后，民间金融快速发展，民间金融规模迅速扩大，已具备为大型投资项目融资的能力，因而可以通过促进投资提升区域金融稳定性。第(3)列中消费水平(conr)对民间金融发展水平(IF)的回归系数为 0.256，第(5)列中金融稳定性指标(FSI)对消费水平(conr)的回归系数为 0.171，二者均在 90%的置信水平上显著为正，因此在 2011 年以后的子样本中，民间金融影响区域金融稳定性的消费路径显著存在，民间金融可以通过提高消费水平促进区域金融稳定。第(4)列中贸易水平(trar)对民间金融发展水平(IF)的回归系数为 0.295，第(5)列中金融稳定性指标(FSI)对贸易水平(trar)的回归系数为 0.386，二者均在 90%的置信水平上显著为正，因此在 2011 年后的子样本中，民间金融影响区域金融稳定性的贸易路径显著存在，民间金融可以通过提高贸易水平促进区域金融稳定。

综上可知，在 2010 年以前，民间金融影响区域金融稳定性的路径只有消费和贸易路径，而在 2010 年以后，民间金融影响区域金融稳定性的消费、投资和贸易路径均存在(见表 6-10)。这说明我国民间金融对金融体系稳定性的影响效应具有时间维度上的异质性。

表 6－10　分时间段回归结果

时间段	自变量	总效应	直接效应	中介路径	a	b	中介效应 ($a \times b$)	性质
year ≤2010	民间金融发展水平 (IF)	0.361* (2.075)	0.576 (1.011)	投资 (invr)	0.285 (0.776)	0.271*** (3.064)	0.077	不存在
				消费 (conr)	0.440** (2.363)	0.251* (1.824)	0.110	正向
				贸易 (trar)	0.442*** (3.294)	0.655*** (4.180)	0.290	正向
year >2010		0.123*** (3.726)	0.166*** (3.618)	投资 (invr)	0.195*** (8.618)	0.101** (2.414)	0.020	正向
				消费 (conr)	0.256*** (3.038)	0.171* (1.980)	0.044	正向
				贸易 (trar)	0.295*** (7.481)	0.386*** (2.736)	0.114	正向

注：系数下方的括号中数字为系数对应的 t 值；* 代表相应的 p 值，*** 代表 $p<0.01$，** 代表 $p<0.05$，* 代表 $p<0.1$。

6.2.3　稳健性检验

为保证回归结果的稳健性，本书将民间金融发展水平重新定义为民间金融规模的年增长率(IFG)，并对其进行标准化，进而再次进行中介效应回归分析，回归结果见表 6－11、表 6－12 和表 6－13。

表 6－11　2006—2010 年省际层面中介效应稳健性检验

变量	(1)	(2)	(3)	(4)	(5)
	std_FSI	std_invr	std_conr	std_trar	std_FSI
std_invr					0.114***
					(2.553)
std_conr					0.331**
					(2.296)
std_trar					0.445***
					(5.238)

续表

变量	(1)	(2)	(3)	(4)	(5)
	std_FSI	std_invr	std_conr	std_trar	std_FSI
std_IFG	0.251**	0.405	0.621***	0.083***	0.113***
	(2.175)	(1.574)	(3.160)	(2.804)	(3.807)
std_DG	−0.147**	0.034**	0.129***	−0.047***	−0.095**
	(−2.299)	(2.334)	(7.382)	(−2.829)	(−2.177)
std_aGDP	−0.730***	−0.400***	−0.386**	0.342***	−0.253
	(−2.771)	(−3.685)	(−2.570)	(2.962)	(−0.823)
std_ID	0.972***	0.037	0.143**	0.194***	0.570***
	(5.803)	(0.757)	(2.310)	(6.215)	(4.436)
std_RGDP	0.132	−0.144	0.603***	0.265**	−0.262
	(0.469)	(−0.964)	(3.314)	(2.545)	(−1.015)
std_Market	0.441***	0.116***	0.027	0.246***	0.697***
	(3.324)	(3.545)	(0.387)	(9.826)	(6.939)
std_M2r	0.588***	0.280***	−0.011	−0.206***	0.408***
	(4.343)	(7.931)	(−0.310)	(−6.351)	(3.490)
L.std_FSI	0.201*				0.299***
	(1.756)				(5.693)
L.std_invr		0.540***			
		(8.663)			
L.std_conr			0.557***		
			(4.503)		
L.std_trar				0.534***	
				(14.596)	
_cons	0.557***	−0.156*	−0.194*	0.304***	0.607**
	(4.019)	(−1.799)	(−2.080)	(6.334)	(2.401)
N	120	120	120	120	120
chi2	173.531	1014.589	411.495	8122.616	1048.994
p	0.000	0.000	0.000	0.000	0.000
Sargan	0.933	0.921	0.986	0.991	0.913
AR(2)	0.232	0.562	0.564	0.612	0.189

注：表中第(1)列为自变量民间金融发展水平(IFG_{it})对因变量金融稳定性指标(FSI_{it})影响的总效应回归结果[公式(6-1)]；第(2)～(4)列为自变量民间金融发展水平(IFG_{it})对中介变量投资指标($invr_{it}$)、消费指标($conr_{it}$)和贸易指标($trar_{it}$)影响的回归结果[公式(6-2)至(6-4)]；第(5)列为中介变量投资指标($invr_{it}$)、消费指标($conr_{it}$)和贸易指标($trar_{it}$)对因变量金融稳定性

(FSI_{it})影响的回归结果。系数下方的括号中数字为系数对应的 t 值;* 代表相应的 p 值,*** 代表 $p<0.01$,** 代表 $p<0.05$,* 代表 $p<0.1$。

表 6-12　2011—2018 年省际层面中介效应稳健性检验

变量	(1)	(2)	(3)	(4)	(5)
	std_FSI	std_invr	std_conr	std_trar	std_FSI
std_invr					0.195***
					(4.960)
std_conr					0.218***
					(3.765)
std_trar					0.312***
					(4.493)
std_IFG	0.182***	0.330***	0.198***	0.095***	0.135***
	(8.700)	(6.056)	(3.869)	(4.621)	(11.264)
std_DG	0.130***	0.097***	0.034***	0.037***	0.115***
	(5.379)	(6.073)	(3.876)	(17.033)	(14.347)
std_aGDP	−0.226***	−0.295***	−0.717***	−0.004	−0.008
	(−4.006)	(−4.556)	(−11.425)	(−0.481)	(−0.094)
std_ID	0.028	0.374***	0.170***	0.122***	0.150***
	(0.851)	(19.418)	(7.809)	(28.477)	(7.606)
std_RGDP	−0.096***	−0.017***	0.001	0.006	−0.084***
	(−4.220)	(−3.717)	(0.236)	(0.645)	(−12.195)
std_Market	0.022	0.240***	0.414***	−0.026***	−0.143**
	(0.405)	(6.759)	(12.359)	(−3.577)	(−2.496)
std_M2r	−0.122**	−0.362***	−0.502***	−0.168***	−0.321***
	(−2.484)	(−10.681)	(−14.592)	(−20.215)	(−5.060)
L. std_FSI	0.269***				0.027
	(5.253)				(0.393)
L. std_invr		0.978***			
		(23.152)			
L. std_conr			0.737***		
			(18.663)		
L. std_trar				0.886***	
				(155.801)	
_cons	−0.052*	0.036	0.095***	0.033***	−0.068**
	(−1.755)	(1.571)	(3.295)	(3.585)	(−2.052)

续表

变量	(1)	(2)	(3)	(4)	(5)
	std_FSI	std_invr	std_conr	std_trar	std_FSI
N	240	240	240	240	240
chi2	1247.831	3178.376	13941.392	98365.421	9959.798
p	0.000	0.000	0.000	0.000	0.000
Sargan	0.933	0.979	0.936	0.952	1.000
AR(2)	0.564	0.164	0.196	0.781	0.154

注：表中第(1)列为自变量民间金融发展水平(IFG_{it})对因变量金融稳定性指标(FSI_{it})影响的总效应回归结果[公式(6-1)]；第(2)～(4)列为自变量民间金融发展水平(IFG_{it})对中介变量投资指标($invr_{it}$)、消费指标($conr_{it}$)和贸易指标($trar_{it}$)影响的回归结果[公式(6-2)至(6-4)]；第(5)列为中介变量投资指标($invr_{it}$)、消费指标($conr_{it}$)和贸易指标($trar_{it}$)对因变量金融稳定性(FSI_{it})影响的回归结果。系数下方的括号中数字为系数对应的 t 值；* 代表相应的 p 值，*** 代表 $p<0.01$，** 代表 $p<0.05$，* 代表$p<0.1$。

表 6-13 分时间段省际层面回归结果

时间段	自变量	总效应	直接效应	中介路径	a	b	中介效应($a\times b$)	性质
year≤2010	民间金融发展水平(IFG)	0.251** (2.175)	0.113*** (3.807)	投资(invr)	0.405 (1.574)	0.114*** (2.553)	0.046	不存在
				消费(conr)	0.621*** (3.160)	0.331** (2.296)	0.206	正向
				贸易(trar)	0.083*** (2.804)	0.445*** (5.238)	0.037	正向
year>2010		0.182*** (8.700)	0.135*** (11.264)	投资(invr)	0.330*** (6.056)	0.195*** (4.960)	0.064	正向
				消费(conr)	0.198*** (3.869)	0.218*** (3.765)	0.043	正向
				贸易(trar)	0.095*** (4.621)	0.312*** (4.493)	0.030	正向

注：系数下方的括号中数字为系数对应的 t 值；* 代表相应的 p 值，*** 代表 $p<0.01$，** 代表 $p<0.05$，* 代表 $p<0.1$。

从稳健性检验的回归结果中可以看出，稳健性检验所得回归结果表 6-11、表 6-12、表 6-13 与前文回归结果表 6-8、表 6-9、表 6-10 的系数符号和显著性较为一致，其他变量的回归系数的数值大小、方向和显著性也与前文回归分析中所得系数相似，因此可以说明本书此处回归结果稳健，所得结论可靠。

6.3 民间金融对金融体系稳定性作用路径的空间效应分析

鉴于我国民间金融以及经济发展的区域发展差异较大，因此本部分以我国东部、中部以及西部区域三个子样本进行分组回归①，考察分析民间金融对金融体系稳定性影响效应作用路径的空间异质性。

6.3.1 变量描述性统计与相关性分析

为满足计量的需要，一般在计量回归之前，都要对样本数据进行描述性统计分析以及相关性分析，其中，描述性统计是用以检验数据是否存在异常值情况，相关性分析是用以检验研究所选用的解释变量之间是否存在显著的共线性。

表 6-14 描述了 2006—2018 年分区域子样本金融稳定性指标、民间金融发展水平和控制变量的样本数据特征。可以看出，除被解释变量金融稳定性指标(FSI)外(FSI 为各指标经过主成分分析合成的标准化数据，因此其均值为 0)，各解释变量的标准差均小于均值，表明本书所选数据质量较好，不存在极端值问题。

表 6-14　全国分地区样本描述性统计

变量	东部			中部			西部		
	观测值	均值	标准差	观测值	均值	标准差	观测值	均值	标准差
FSI	143	−0.341	0.204	104	0.138	0.113	143	0.241	0.118
IF	143	0.334	0.240	104	0.259	0.222	143	0.271	0.209
DG	143	0.145	0.074	104	0.152	0.063	143	0.164	0.077
aGDP	143	6.122	2.899	104	3.240	1.304	143	3.117	1.586
ID	143	0.031	0.012	104	0.031	0.009	143	0.029	0.009

① 按照一般分法，东部地区包括北京、天津、河北、辽宁、上海、江苏、浙江、福建、山东、广东和海南，中部地区包括山西、吉林、黑龙江、安徽、江西、河南、湖北、湖南，西部地区包括内蒙古、四川、重庆、贵州、云南、陕西、甘肃、青海、宁夏、新疆、广西。

续表

变量	东部			中部			西部		
	观测值	均值	标准差	观测值	均值	标准差	观测值	均值	标准差
RGDP	143	0.116	0.040	104	0.092	0.067	143	0.103	0.021
Market	143	8.157	1.661	104	6.448	1.125	143	5.143	1.577
M2r	143	1.817	0.201	104	1.817	0.201	143	1.817	0.201

表 6-15 给出了各自变量之间的 Pearson 相关性检验结果。从表中可知，各自变量之间相关性均不超过 0.7，因此可以说明本书所选自变量不存在明显的共线性问题，因此本书变量选取较为合理。

表 6-15 自变量相关性分析

变量	FSI	IF	DG	aGDP	ID	RGDP	Market	M2r
FSI	1							
IF	−0.550***	1						
DG	0.442***	−0.544***	1					
aGDP	−0.740***	0.516***	−0.435***	1				
ID	−0.597***	0.618***	−0.305***	0.406***	1			
RGDP	−0.508***	0.266***	−0.162***	0.433***	0.380***	1		
Market	−0.500***	0.370***	−0.346***	0.679***	0.262***	0.247***	1	
M2r	−0.638***	0.638***	−0.487***	0.550***	0.446***	0.296***	0.214***	1

6.3.2 分区域回归结果分析

1. 子样本东部地区回归结果

表 6-16 给出了东部地区中介效应的回归结果，表中第(1)列为自变量民间金融发展水平(IF_{it})对因变量金融稳定性指标(FSI_{it})影响的总效应回归结果[公式(6-1)]；第(2)～(4)列为自变量民间金融发展水平(IF_{it})对中介变量投资指标($invr_{it}$)、消费指标($conr_{it}$)和贸易指标($trar_{it}$)影响的回归结果[公式(6-2)至(6-4)]；第(5)列为中介变量投资指标($invr_{it}$)、消费指标($conr_{it}$)和贸易指标($trar_{it}$)对因变量金融稳定性(FSI_{it})影响的回归结果。针对系数联合显著性的

Wald chi2 检验 p 值均为 0.000，这说明本书模型的设定是有效的；SYS-GMM 的 Sargan和 Ar(2)的 p 值都大于 0.1，这说明此处计量模型的工具变量设定是有效的，计量模型的扰动项的二阶差分不存在序列的自相关性，因此，此处的 SYS-GMM 计量回归结果是有效的。

表 6-16　东部地区回归结果

变量	(1)	(2)	(3)	(4)	(5)
	std_FSI	std_invr	std_conr	std_trar	std_FSI
std_invr					0.120**
					(2.473)
std_conr					0.217***
					(3.179)
std_trar					0.500***
					(4.185)
std_IF	0.276***	0.503	0.283*	0.253**	0.127***
	(3.225)	(1.472)	(2.027)	(2.277)	(2.500)
std_DG	0.165***	0.537*	0.032	0.119**	−0.546***
	(5.310)	(1.861)	(0.301)	(2.269)	(−5.074)
std_aGDP	0.126**	0.082**	−0.028	−0.045	0.097***
	(2.423)	(2.131)	(−0.668)	(−1.259)	(2.680)
std_ID	−0.176	−0.045	0.204**	0.630	−0.221***
	(−0.906)	(−0.768)	(2.116)	(1.461)	(−2.953)
std_RGDP	1.412	0.187	0.406*	0.240*	−0.143
	(1.013)	(0.775)	(1.763)	(1.843)	(−1.177)
std_Market	−0.477**	0.011	−0.060	0.140	−0.254***
	(−2.240)	(0.200)	(−1.078)	(1.342)	(−2.655)
std_M2r	0.025	0.083	−0.351***	−0.296	0.223*
	(0.064)	(1.011)	(−2.588)	(−1.600)	(1.839)
L. std_FSI	0.503*				0.285***
	(1.768)				(2.920)
L. std_invr		0.429*			
		(1.830)			

续表

变量	(1)	(2)	(3)	(4)	(5)
	std_FSI	std_invr	std_conr	std_trar	std_FSI
L. std_conr			0.701**		
			(2.157)		
L. std_trar				0.770***	
				(2.934)	
_cons	−1.045***	−0.643*	0.108	−0.135	−0.187*
	(−3.037)	(−1.953)	(0.382)	(−0.193)	(−2.055)
N	132	132	132	132	132
chi2	165.775	1073.072	944.463	1789.436	459.146
p	0.000	0.000	0.000	0.000	0.000
Sargan	0.996	0.886	1.000	0.877	1.000
AR(2)	0.257	0.266	0.273	0.351	0.311
投资路径的Bootstrap检验	统计值	0.021	置信区间	[−0.028	0.070]

注：系数下方的括号中数字为系数对应的 t 值；* 代表相应的 p 值，*** 代表 $p<0.01$，** 代表 $p<0.05$，* 代表 $p<0.1$；Sargan 和 Ar(2)对应的结果均为 p 值。

就东部地区样本具体回归结果而言，总效应层面，第(1)列中民间金融发展水平(IF)的总效应系数为0.276，在90%的置信水平上通过了显著性检验，说明东部地区民间金融对金融稳定性存在净的正向影响。就直接效应来看，第(5)列中民间金融发展水平(IF)的系数为0.127，在90%的置信水平上显著为正，说明除本书所列出的路径(投资、消费和贸易)外，民间金融还可以通过其他路径对区域金融稳定性产生正向影响。

从中介效应层面来看，第(2)列中投资水平(invr)对民间金融发展水平(IF)的回归系数为0.503，在90%的置信水平上没有通过显著性检验；第(5)列中金融稳定性指标(FSI)对投资水平(invr)的回归系数为0.120，在90%的置信水平上显著为正，因此东部地区民间金融影响区域金融稳定性的投资路径是否存在需要经过Bootstrap检验。检验结果显示，中介效应统计值的置信区间将0包括在内，因此东部地区民间金融通过投资促进区域金融稳定的中介路径并不存在。这是因为东部地区正规金融资源相对充足，是大型投资项目的主要资金来源，民间金融难以有发挥作用的空间，因而民间金融通过投资影响金融稳定的中介效应并不明显。第(3)列中消费水平(conr)对民间金融发展水平(IF)的回归系数为0.283，第(5)列中金融稳定性指标(FSI)对消费水平(conr)的回归系数为0.217，二者均在90%的置信水平上显著为正，因此在东部地区，民间金融影响区域金融稳定性的消费路径显著存在，民间金融可以通过提高消费水平促进区域金融稳定。第(4)列中贸易水平(trar)对民间金融发展水平(IF)的回归系数为0.253，第(5)列中金融稳定性指标(FSI)对贸易水平(trar)的回归系数为0.500，二者均在90%的置信水平上显著为正，因此在东部地区，民间金融影响区域金融稳定性的贸易路径显著存在，民间金融可以通过提高贸易水平促进区域金融稳定。

2. 子样本中部地区回归结果

表6-17给出了中部地区中介效应的回归结果，表中第(1)列为自变量民间金融发展水平(IF_{it})对因变量金融稳定性指标(FSI_{it})影响的总效应回归结果[公式(6-1)]；第(2)～(4)列为自变量民间金融发展水平(IF_{it})对中介变量投资指标($invr_{it}$)、消费指标($conr_{it}$)和贸易指标($trar_{it}$)影响的回归结果[公式(6-2)至(6-4)]；第(5)列为中介变量投资指标($invr_{it}$)、消费指标($conr_{it}$)和贸易指标($trar_{it}$)对因变量金融稳定性(FSI_{it})影响的回归结果。针对系数联合显著性的Wald chi2检验p值均为0.000，说明本书模型设定有效；针对SYS-GMM回归有效性的检验中，各列Sargan和Ar(2)的p值均大于0.1，说明工具变量设定以及扰动项序列不自相关性等都满足SYS-GMM的使用前提，因此，此处的SYS-GMM的计量回归结果是有效的。

表6-17　中部地区回归结果

变量	(1)	(2)	(3)	(4)	(5)
	std_FSI	std_invr	std_conr	std_trar	std_FSI
std_invr					0.050***
					(2.704)
std_conr					0.662***
					(6.232)
std_trar					1.604*
					(1.802)

续表

变量	(1)	(2)	(3)	(4)	(5)
	std_FSI	std_invr	std_conr	std_trar	std_FSI
std_IF	0.301**	0.322***	−0.028	0.017**	0.060
	(2.447)	(4.256)	(−0.561)	(2.326)	(0.809)
std_DG	0.768***	0.781***	0.334**	0.089***	0.952***
	(3.458)	(3.472)	(2.305)	(3.127)	(4.345)
std_aGDP	0.028	0.144**	−0.009	−0.013*	−0.104*
	(0.501)	(2.517)	(−0.215)	(−1.721)	(−1.859)
std_ID	−0.209***	−0.048	0.022	0.009	0.011
	(−2.586)	(−0.578)	(0.333)	(0.852)	(0.131)
std_RGDP	−0.107***	−0.024	−0.011	0.001	−0.117***
	(−4.176)	(−0.937)	(−0.645)	(0.359)	(−4.901)
std_Market	0.466***	0.596***	0.098	−0.004	0.524***
	(4.500)	(5.391)	(1.575)	(−0.368)	(5.252)
	std_FSI	std_invr	std_conr	std_trar	std_FSI
std_M2r	−0.297**	−0.395***	−0.313***	−0.052***	0.016
	(−2.196)	(−4.052)	(−5.270)	(−4.635)	(0.103)
L.std_FSI	0.037				0.061
	(0.273)				(0.465)
L.std_invr		0.956***			
		(11.414)			
L.std_conr			0.826***		
			(8.310)		
L.std_trar				0.517***	
				(6.834)	
_cons	−0.079	−0.168*	0.071	−0.226***	−0.402
	(−0.778)	(−1.934)	(1.252)	(−6.015)	(−1.279)
N	96	96	96	96	96
chi2	547.454	591.684	1868.970	187.743	668.735
p	0.000	0.000	0.000	0.000	0.000
Sargan	0.956	1.000	0.963	1.000	1.000
AR(2)	0.294	0.280	0.385	0.180	0.322
消费路径的 Bootstrap 检验	统计值	−0.015	置信区间	[−0.019	0.008]

注：系数下方的括号中数字为系数对应的 t 值；* 代表相应的 p 值，*** 代表 $p<0.01$，** 代表 $p<0.05$，* 代表 $p<0.1$；Sargan 和 Ar(2)对应的结果均为 p 值。

就中部地区样本具体回归结果而言，总效应层面，第(1)列中民间金融发展水平(IF)的总效应系数为 0.301，在 90%置信水平上通过了相关显著性检验，说明中部地区民间金融对金融体系稳定性存在正向影响效应。从直接效应上说，第(5)列中民间金融发展水平(IF)的系数为 0.060，并没有通过统计上的显著性检验，说明在中部地区，除本书所列出的路径(投资、消费和贸易)外，民间金融作用于区域金融稳定性的其他路径影响不大。

从中介效应层面来看，第(2)列中投资水平(invr)对民间金融发展水平(IF)的回归系数为 0.322，第(5)列中金融稳定性指标(FSI)对投资水平(invr)的回归系数为 0.050，二者均在 90%的置信水平上显著为正，因此中部地区民间金融影响区域金融稳定性的投资路径显著存在，民间金融可以通过提高投资水平促进区域金融稳定。第(3)列中消费水平(conr)对民间金融发展水平(IF)的回归系数为−0.028，在 90%的置信水平上没有通过显著性检验；第(5)列中金融稳定性指标(FSI)对消费水平(conr)的回归系数为 0.662，在 90%的置信水平上显著为正，因此中部地区民间金融影响区域金融稳定性的消费路径是否存在需要经过 Bootstrap 检验。检验结果显示，中介效应统计值的置信区间将 0 包括在内，因此中部地区民间金融通过消费促进区域金融稳定的中介路径并不存在。这是因为，相对于东部地区，中部地区消费水平较低，中部地区消费的金融需求并不强烈，因而民间金融通过投资影响金融稳定的中介效应并不明显。第(4)列中贸易水平(trar)对民间金融发展水平(IF)的回归系数为 0.017，第(5)列中金融稳定性指标(FSI)对贸易水平(trar)的回归系数为 1.064，二者均在 90%的置信水平上显著为正，因此在中部地区，民间金融影响区域金融稳定性的贸易路径显著存在，民间金融可以通过提高贸易水平促进区域金融稳定。

3. 子样本西部地区回归结果

表 6 - 18 给出了西部地区中介效应的回归结果，表中第(1)列为自变量民间金融发展水平(IF_{it})对因变量金融稳定性指标(FSI_{it})影响的总效应回归结果[公式(6 - 1)]；第(2)～(4)列为自变量民间金融发展水平(IF_{it})对中介变量投资指标($invr_{it}$)、消费指标($conr_{it}$)和贸易指标($trar_{it}$)影响的回归结果[公式(6 - 2)至(6 - 4)]；第(5)列为中介变量投资指标($invr_{it}$)、消费指标($conr_{it}$)和贸易指标($trar_{it}$)对因变量金融稳定性(FSI_{it})影响的回归结果。针对系数联合显著性的 Wald chi2 检验 p 值均为 0.000，说明本书模型设定有效；针对 SYS-GMM 回归有效性的检验中，各列 Sargan 和 Ar(2)的 p 值均大于 0.1，说明工具变量设定有效，扰动项的二阶差分也不存在序列自相关，因此本书的 SYS-GMM 回归结果有效。

表 6-18　西部地区回归结果

变量	(1)	(2)	(3)	(4)	(5)
	std_FSI	std_invr	std_conr	std_trar	std_FSI
std_invr					0.325***
					(3.758)
std_conr					0.379***
					(2.813)
std_trar					0.650
					(1.373)
std_IF	0.211*	0.392***	0.085**	0.071*	0.022
	(1.934)	(5.884)	(2.135)	(1.896)	(0.193)
std_DG	−0.035	0.090*	0.036	−0.021**	−0.142**
	(−0.575)	(2.093)	(1.344)	(−2.449)	(−2.257)
std_aGDP	−1.027***	0.103	0.020	0.059	−1.153***
	(−4.967)	(0.735)	(0.234)	(1.529)	(−5.359)
std_ID	−0.575***	−0.086	0.042	0.075***	−0.446***
	(−4.323)	(−1.084)	(0.811)	(4.657)	(−3.250)
std_RGDP	−0.684***	−0.257*	−0.056	0.118***	−0.530***
	(−3.442)	(−1.940)	(−0.853)	(5.109)	(−2.620)
std_Market	0.132	0.140*	0.127***	0.062***	0.375***
	(1.114)	(1.725)	(2.634)	(4.019)	(2.939)
std_M2r	0.035	0.247***	0.178***	−0.071***	0.353**
	(0.247)	(3.126)	(3.643)	(−4.073)	(1.986)
L. std_FSI	0.075				0.088
	(0.883)				(0.983)
L. std_invr		1.079***			
		(15.772)			
L. std_conr			0.922***		
			(17.696)		
L. std_trar				0.665***	
				(14.184)	
_cons	−0.044	0.204***	0.111*	−0.100***	−0.800***
	(−0.387)	(3.190)	(1.834)	(−4.063)	(−3.431)

续表

变量	(1)	(2)	(3)	(4)	(5)
	std_FSI	std_invr	std_conr	std_trar	std_FSI
N	132	132	132	132	132
chi2	388.788	1073.072	944.463	1789.436	459.146
p	0.000	0.000	0.000	0.000	0.000
Sargan	1.000	1.000	1.000	0.987	1.000
AR(2)	0.112	0.445	0.285	0.245	0.134
消费路径的 Bootstrap 检验	统计值	0.011	置信区间	[−0.004	0.026]

注：系数下方的括号中数字为系数对应的 *t* 值；* 代表相应的 *p* 值，*** 代表 $p<0.01$，** 代表 $p<0.05$，* 代表 $p<0.1$；Sargan 和 Ar(2)对应的结果均为 *p* 值。

就西部地区样本具体回归结果而言，总效应层面，第(1)列中民间金融发展水平(IF)的总效应系数为 0.211，在 90%的置信水平上通过了显著性检验，说明西部地区民间金融对金融体系稳定性存在净的正向影响。就直接效应来看，第(5)列中民间金融发展水平(IF)的系数为 0.022，在 90%的置信水平上没有通过显著性检验，说明除本书所列出的路径(投资、消费和贸易)外，民间金融作用于区域金融稳定性的其他路径影响不大。

从中介效应层面来看，第(2)列中投资水平(invr)对民间金融发展水平(IF)的回归系数为 0.392，第(5)列中金融稳定性指标(FSI)对投资水平(invr)的回归系数为 0.325，二者均在 90%的置信水平上显著为正，因此西部地区民间金融影响区域金融稳定性的投资路径显著存在，民间金融可以通过提高投资水平促进区域金融稳定。第(3)列中消费水平(conr)对民间金融发展水平(IF)的回归系数为 0.085，第(5)列中金融稳定性指标(FSI)对消费水平(conr)的回归系数为 0.379，二者均在 90%的置信水平上显著为正，因此在西部地区，民间金融影响区域金融稳定性的消费路径显著存在，民间金融可以通过提高消费水平促进区域金融稳定。这是因为西部地区经济发展水平相对较低，除生产性融资外，一般生活性消费也离不开民间金融，因此民间金融可以通过促进西部地区消费而加强区域金融稳定性。第(4)列中贸易水平(trar)对民间金融发展水平(IF)的回归系数为 0.071，在 90%的置信水平上显著为正；第(5)列中金融稳定性指标(FSI)对贸易水平(trar)的回归系数为0.650，在 90%的置信水平上没有通过显著性检验，因此西部地区民间金融影响区域金融稳定性的消费路径是否存在需要经过 Bootstrap 检验。检验结果显示，中介效应统计值的置信区间将 0 包括在内，因此西部地区民间金融通过贸易促进区域金融稳定的中介路径并不存在。这是因为西部地区对外贸易产业比重相对较低,因而民间金融虽然能够促进西部地区对外贸易企业的发展,但本地区的对外贸易对经济和金融的影响较小,因而民间金融通过贸易影响区域金融稳定性的中介效应并不明显。

从表 6 - 19 可见,东部地区投资路径不存在,原因可能在于东部地区正规金融发展水平较高,民间金融没有发挥空间;中部地区消费路径不存在,原因在于相对于东部地区,中部地区生活水平相对较低,消费需求较低,因而民间金融对消费的影响不大;西部地区贸易路径不存在,这是因为西部地区对外贸易产业比重相对较低,因而民间金融虽然能够促进西部地区对外贸易企业的发展,但本地区的对外贸易对经济和金融的影响较小,因而民间金融通过贸易影响区域金融稳定性的中介效应并不明显。

表 6 - 19 分区域中介路径回归结果

分组	自变量	总效应	直接效应	中介路径	a	b	中介效应($a\times b$)	性质
东部	民间金融发展水平(IF)	0.276*** (3.225)	0.127*** (2.500)	投资 (invr)	0.503 (1.472)	0.120** (2.473)	0.060	不存在
				消费 (conr)	0.283* (2.027)	0.217*** (3.179)	0.061	正向
				贸易 (trar)	0.253** (2.277)	0.500*** (4.185)	0.127	正向
中部		0.301** (2.447)	0.060 (0.809)	投资 (invr)	0.322*** (4.256)	0.050*** (2.704)	0.016	正向
				消费 (conr)	−0.028 (−0.561)	0.662*** (6.232)	−0.019	不存在
				贸易 (trar)	0.017** (2.326)	1.604* (1.802)	0.027	正向
西部		0.211* (1.934)	0.022 (0.193)	投资 (invr)	0.392*** (5.884)	0.325*** (3.758)	0.128	正向
				消费 (conr)	0.085** (2.135)	0.379*** (2.813)	0.032	正向
				贸易 (trar)	0.071* (1.896)	0.650 (1.373)	0.046	不存在

注:系数下方的括号中数字为系数对应的 t 值;* 代表相应的 p 值,*** 代表 $p<0.01$,** 代表 $p<0.05$,* 代表 $p<0.1$。

6.3.3　稳健性检验

为保证回归结果的稳健性，本书将民间金融发展水平重新定义为民间金融规模的年增长率(IFG)，并对其进行标准化，进而再次进行中介效应回归分析，回归结果见表 6－20 至表 6－23。

表 6－20　东部地区稳健性回归结果

变量	(1)	(2)	(3)	(4)	(5)
	std_FSI	std_invr	std_conr	std_trar	std_FSI
std_invr					0.095***
					(4.960)
std_conr					0.218***
					(3.765)
std_trar					0.312***
					(4.493)
std_IFG	0.182***	0.030	0.319***	0.573***	0.135***
	(8.700)	(1.056)	(3.869)	(4.621)	(11.264)
std_DG	0.130***	0.097***	0.034***	0.037***	0.115***
	(5.379)	(6.073)	(3.876)	(17.033)	(14.347)
std_aGDP	−0.226***	−0.295***	−0.717***	−0.004	−0.008
	(−4.006)	(−4.556)	(−11.425)	(−0.481)	(−0.094)
std_ID	0.028	0.374***	0.170***	0.122***	0.150***
	(0.851)	(19.418)	(7.809)	(28.477)	(7.606)
std_RGDP	−0.096***	−0.017***	0.001	0.006	−0.084***
	(−4.220)	(−3.717)	(0.236)	(0.645)	(−12.195)
std_Market	0.022	0.240***	0.414***	0.026***	0.143**
	(0.405)	(6.759)	(12.359)	(3.577)	(2.496)
std_M2r	−0.122**	−0.362***	−0.502***	−0.168***	−0.321***
	(−2.484)	(−10.681)	(−14.592)	(−20.215)	(−5.060)
L. std_FSI	0.269***				0.027
	(5.253)				(0.393)
L. std_invr		0.978***			
		(23.152)			

续表

变量	(1)	(2)	(3)	(4)	(5)
	std_FSI	std_invr	std_conr	std_trar	std_FSI
L. std_conr			0.737***		
			(18.663)		
L. std_trar				0.886***	
				(155.801)	
_cons	−0.052*	0.036	0.095***	0.033***	−0.068*
	(−1.755)	(1.571)	(3.295)	(3.585)	(−2.052)
N	132	132	132	132	132
chi2	65.997	303.227	826.585	249.225	566.815
p	0.000	0.000	0.000	0.000	0.000
Sargan	0.965	0.968	0.996	0.956	0.995
AR(2)	0.321	0.328	0.894	0.145	0.255

注：表中第(1)列为自变量民间金融发展水平(IFG_{it})对因变量金融稳定性指标(FSI_{it})影响的总效应回归结果[公式(6-1)]；第(2)～(4)列为自变量民间金融发展水平(IFG_{it})对中介变量投资指标($invr_{it}$)、消费指标($conr_{it}$)和贸易指标($trar_{it}$)影响的回归结果[公式(6-2)至(6-4)]；第(5)列为中介变量投资指标($invr_{it}$)、消费指标($conr_{it}$)和贸易指标($trar_{it}$)对因变量金融稳定性(FSI_{it})影响的回归结果。系数下方的括号中数字为系数对应的 t 值；* 代表相应的 p 值，*** 代表 $p<0.01$，** 代表 $p<0.05$，* 代表 $p<0.1$。

表 6-21 中部地区稳健性回归结果

变量	(1)	(2)	(3)	(4)	(5)
	std_FSI	std_invr	std_conr	std_trar	std_FSI
std_invr					0.072**
					(2.197)
std_conr					0.579***
					(5.842)
std_trar					1.116*
					(1.893)
std_IFG	0.219***	0.407***	0.104	0.020***	0.178***
	(4.938)	(2.842)	(1.536)	(2.662)	(4.151)
std_DG	−0.016	0.185***	0.002	0.016**	0.129**
	(−0.308)	(3.083)	(0.058)	(2.054)	(2.465)

续表

变量	(1)	(2)	(3)	(4)	(5)
	std_FSI	std_invr	std_conr	std_trar	std_FSI
std_aGDP	−1.139***	−0.814***	−0.182	0.053	−1.231***
	(−5.242)	(−3.244)	(−1.270)	(1.628)	(−5.703)
std_ID	0.180***	0.310***	0.003	−0.001	0.025
	(3.420)	(5.094)	(0.055)	(−0.100)	(0.380)
std_RGDP	−0.112***	−0.016	−0.010	0.002	−0.121***
	(−4.866)	(−0.603)	(−0.617)	(0.560)	(−5.435)
std_Market	0.487***	0.452***	0.080	−0.014	0.552***
	(5.352)	(3.991)	(1.418)	(−1.239)	(6.292)
std_M2r	−0.013	−0.269**	−0.171**	−0.023	0.238
	(−0.095)	(−2.111)	(−2.471)	(−1.429)	(1.641)
L. std_FSI	−0.013				0.040
	(−0.107)				(0.338)
L. std_invr		1.107***			
		(13.688)			
L. std_conr			0.804***		
			(9.590)		
L. std_trar				0.605***	
				(7.422)	
_cons	−0.229**	−0.140	0.150***	−0.193***	−0.588**
	(−2.379)	(−1.423)	(2.669)	(−4.899)	(−1.975)
N	96	96	96	96	96
chi2	668.351	513.871	2088.833	169.721	767.648
p	0.000	0.000	0.000	0.000	0.000
Sargan	0.986	0.973	0.975	0.997	0.987
AR(2)	0.752	0.455	0.167	0.325	0.523

注：表中第(1)列为自变量民间金融发展水平(IFG_{it})对因变量金融稳定性指标(FSI_{it})影响的总效应回归结果[公式(6-1)]；第(2)～(4)列为自变量民间金融发展水平(IFG_{it})对中介变量投资指标($invr_{it}$)、消费指标($conr_{it}$)和贸易指标($trar_{it}$)影响的回归结果[公式(6-2)至(6-4)]；第(5)列为中介变量投资指标($invr_{it}$)、消费指标($conr_{it}$)和贸易指标($trar_{it}$)对因变量金融稳定性(FSI_{it})影响的回归结果。系数下方的括号中数字为系数对应的 t 值；* 代表相应的 p 值，*** 代表 $p<0.01$，** 代表 $p<0.05$，* 代表 $p<0.1$。

表 6-22　西部地区稳健性回归结果

变量	(1)	(2)	(3)	(4)	(5)
	std_FSI	std_invr	std_conr	std_trar	std_FSI
std_invr					0.315***
					(3.830)
std_conr					0.353***
					(2.666)
std_trar					1.655***
					(3.533)
std_IFG	0.180***	0.326***	0.064***	0.020	0.163***
	(3.634)	(3.184)	(3.615)	(0.439)	(3.408)
std_DG	0.099*	0.190***	0.048*	−0.004	0.151***
	(1.872)	(4.747)	(1.934)	(−0.518)	(2.856)
std_aGDP	−1.087***	0.062	−0.010	0.053	−1.233***
	(−5.241)	(0.446)	(−0.126)	(1.307)	(−5.858)
std_ID	0.464***	0.390***	−0.004	0.023*	0.484***
	(4.548)	(6.449)	(−0.111)	(1.796)	(4.368)
std_RGDP	−0.654***	−0.235*	−0.083	0.151***	−0.453**
	(−3.305)	(−1.716)	(−1.318)	(6.097)	(−2.279)
std_Market	0.148	0.036	0.082*	0.044***	0.386***
	(1.254)	(0.442)	(1.840)	(2.806)	(3.100)
std_M2r	0.270*	−0.177**	0.123***	−0.072***	0.532***
	(1.769)	(−2.199)	(2.508)	(−3.829)	(2.935)
L. std_FSI	0.106				0.120
	(1.250)				(1.368)
L. std_invr		1.095***			
		(15.931)			
L. std_conr			0.937***		
			(18.800)		
L. std_trar				0.755***	
				(15.850)	
_cons	−0.086	0.106*	0.081	−0.069***	−0.849***
	(−0.751)	(1.710)	(1.427)	(−2.703)	(−3.713)
N	132	132	132	132	132
chi2	398.239	1349.650	1903.368	527.168	462.290
p	0.000	0.000	0.000	0.000	0.000
Sargan	0.995	0.953	0.883	1.000	1.000
AR(2)	0.383	0.365	0.258	0.359	0.723

注：表中第(1)列为自变量民间金融发展水平(IFG_{it})对因变量金融稳定性指标(FSI_{it})影响的总效应回归结果[公式(6-1)]；第(2)～(4)列为自变量民间金融发展水平(IFG_{it})对中介变量投

资指标（$invr_{it}$）、消费指标（$conr_{it}$）和贸易指标（$trar_{it}$）影响的回归结果[公式（6－2）至（6－4）]；第（5）列为中介变量投资指标（$invr_{it}$）、消费指标（$conr_{it}$）和贸易指标（$trar_{it}$）对因变量金融稳定性（FSI_{it}）影响的回归结果。系数下方的括号中数字为系数对应的 t 值；* 代表相应的 p 值，*** 代表 $p<0.01$，** 代表 $p<0.05$，* 代表 $p<0.1$。

表 6－23　分区域稳健性检验结果

分组	自变量	总效应	直接效应	中介路径	a	b	中介效应（$a\times b$）	性质
东部	民间金融发展水平（IFG）	0.182*** (8.700)	0.135*** (11.264)	投资（invr）	0.030 (1.056)	0.095*** (4.960)	0.003	不存在
				消费（conr）	0.319*** (3.869)	0.218*** (3.765)	0.070	正向
				贸易（trar）	0.573*** (4.621)	0.312*** (4.493)	0.179	正向
中部		0.219*** (4.938)	0.178*** (4.151)	投资（invr）	0.407*** (2.842)	0.072** (2.197)	0.029	正向
				消费（conr）	0.104 (1.536)	0.579*** (5.842)	0.060	不存在
				贸易（trar）	0.020*** (2.662)	1.116* (1.893)	0.022	正向
西部		0.180*** (3.634)	0.163*** (3.408)	投资（invr）	0.326*** (3.184)	0.315*** (3.830)	0.103	正向
				消费（conr）	0.064*** (3.615)	0.353*** (2.666)	0.023	正向
				贸易（trar）	0.020 (0.439)	1.655*** (3.533)	0.033	不存在

注：系数下方的括号中数字为系数对应的 t 值；* 代表相应的 p 值；*** 代表 $p<0.01$，** 代表 $p<0.05$，* 代表 $p<0.1$。

从稳健性检验的回归结果中可以看出，稳健性检验所得回归结果表 6－20、表 6－21、表 6－22、表 6－23 与前文回归结果表 6－16、表 6－17、表 6－18、表 6－19 的系数符号和显著性较为一致，其他变量的回归系数的数值大小、方向和显著性也与前文回归分析中所得系数相似，因此表明，本书此处的计量回归结果是稳健的，所得的相关结论也是可靠的。

6.4 本章小结

本章分析了民间金融对金融体系稳定性影响效应的时空异质性，研究发现：从省际层面回归结果看，民间金融对区域金融稳定性影响的投资路径、消费路径和贸易路径均显著为正，说明民间金融对区域金融稳定性影响的投资路径、消费路径和贸易路径客观存在。从时间维度看，在2010年以前，民间金融影响区域金融稳定性的路径只有消费路径和贸易路径，而在2010年以后，民间金融影响区域金融稳定性的消费路径、投资路径和贸易路径均存在，说明我国民间金融对金融体系稳定性的影响效应具有时间维度上的异质性。从空间维度看，东部地区投资路径不存在，中部地区消费路径不存在，西部地区贸易路径不存在，即民间金融对金融体系稳定性的影响效应存在空间异质性。由此可知，前文的研究假设2以及研究假设3得以验证，即民间金融通过投资效应、消费效应以及贸易效应渠道对金融体系稳定性产生影响效应，且民间金融对金融体系稳定性产生影响效应的作用路径存在时间差异效应以及空间差异效应。

第7章 民间金融对金融体系稳定性影响的门限效应研究

随着民间金融的快速发展、规模的不断扩大，民间金融对金融体系稳定性存在显著的影响效应，且该影响效应具有时间与空间维度上的异质性，那么，民间金融对区域金融稳定性的影响是否会因为不同区域自身经济状况、民间金融发展情形、金融和制度特征等方面的差异亦存在异质性？本章拟采用门限面板数据模型对民间金融与区域金融稳定性之间的关系进行门限异质性效应分析。

7.1 模型设定与门限变量选取

7.1.1 模型设定

此处构造基本计量模型如下：

$$FSI_{it} = a_0 + a_1 IF_{it} + a_2 Ctr_{it} + \varepsilon_{it} \quad (7-1)$$

式中，第 i 省份第 t 年的金融稳定性指标 FSI_{it} 被表示为核心解释变量民间金融发展水平 IF_{it} 的函数；Ctr_{it} 为一组控制变量；ε_{it} 为随机扰动项。

民间金融是金融抑制条件下自发形成的产物，内生于民营经济。它来源于民营企业或个人，运用于民营企业或个人，极大程度上促进了民营企业的发展，且从金融的角度说，民间金融是正规金融的有效补充，民间金融体系已是整个金融体系的一个重要部分，民间金融的发展对整个金融体系的稳定性具有显著的影响效应。但是，任何事物的发展都具有两面性，民间金融的发展一方面对于大力促进民营经济的发展，贡献是巨大的；另一方面，民间金融游离于监管范围之外，风险控制机制不健全，民间金融风险暴露事件时有发生，也对金融体系稳定性产生负向冲击。本书认为，民间金融对金融体系稳定性具有两面性，同时民间金融对区域金融体系稳定性的影响也会因为不同区域自身经济、金融和制度特征差异而存在异质性。为此，本书选用门限回归模型，通过变换门限变量，以研究民间金融对区域金融稳定性影响的异质性，从而更为客观地分析民间金融与金融稳定性的关系。

门限回归的计量模型可以表示为

$$y_{it}=\begin{cases}\mu_{1i}+\beta_1 x_{it}+\varepsilon_{1it} & q_{it}\leqslant\gamma\\ \mu_{2i}+\beta_2 x_{it}+\varepsilon_{2it} & q_{it}>\gamma\end{cases}\tag{7-2}$$

式中，$i=1,2,\cdots,N$ 代表不同的个体；$t=1,2,\cdots,T$ 代表时间；q_{it} 是门限变量；γ 是门限分位点；y_{it} 是被解释变量；x_{it} 是解释变量。该式意味着因门限变量 q_{it} 相对于门限分位点 γ 的大小不同，被解释变量 y_{it} 与解释变量 x_{it} 存在不同的关系。

由此，公式(7-1)改写为

$$\mathrm{FSI}_{it}=\begin{cases}a_{01}+a_{11}\,\mathrm{IF}_{it}+a_{21}\mathrm{Ctr}_{it}+\varepsilon_{it} & q_{it}\leqslant\gamma\\ a_{02}+a_{12}\,\mathrm{IF}_{it}+a_{22}\mathrm{Ctr}_{it}+\varepsilon_{it} & q_{it}>\gamma\end{cases}\tag{7-3}$$

7.1.2 门限变量选择

如上文所述，民间金融对区域金融稳定性的影响会因为时段和区域自身特征的不同而存在异质性，而门限变量正是时段和区域异质性的反映。因此，本书从时段、民间金融发展、正规金融发展、经济发展和制度发展五个维度展开门限分析，具体选择的门限变量有时间变量(year)、民间金融发展水平(IF)、正规金融发展水平(DG)、人均地区生产总值(aGDP)和市场化指数(Market)，如表7-1所示。首先，从时段层面而言，民间金融对民营经济的推动作用存在时滞性，随着民间金融对于经济发展推动作用的显现，国家对于民间金融的发展也存在态度的变化，此前国家对民间金融基本是不承认、打压或禁止，当前国家对它的态度慢慢变成阳光化以及规范化。因此，就民间金融对金融体系稳定性影响效应问题看，民间金融对金融体系稳定性产生影响需要一定的时间过程，具体表现为在一定的时间前后，民间金融对金融稳定性影响的性质和重要程度都存在差异。其次，从金融维度而言，民间金融会因其自身规模的变化而导致其投向存在差异。在民间金融规模较小、资源较为分散时，民间金融主要用于小规模的消费型、生活型借贷，难以从宏观层面上对金融稳定性产生明显影响；随着民间金融的逐渐发展，民间金融规模不断增大，资源愈发集中，对正规金融的补充作用日益突出，从而成为影响金融稳定性的重要因素。另外，正如前文所述，民间金融往往因为金融抑制现象而出现，可以说民间金融与正规金融之间是相互补充又相互替代的关系，因而除民间金融自身的发展水平外，正规金融的发展水平也是影响民间金融发挥作用的重要因素。再次，从经济维度而言，金融资源从本质上说是一种经济剩余，经济发展和金融发展之间存在双向因果关系已成为学界共识，经济发展水平决定了经济剩余继而决定了民间金融的规模，也决定了民间金融的投向。最后，从制度层面而言，鉴于民间金融发展的两面性，能否发挥民间金融自身优势服务实体经济发展，避免其因游离于法律监管之外而对金融系统造成的风险，关键在于制度建设。因此，本书将制度环境变量也纳入门限变量之中。

表 7-1　门限变量说明表

变量性质	变量含义	符号	定义
门限变量	时间变量	year	年度变量
	民间金融发展水平	IF	依照李健、卫平的方法手动计算
	正规金融发展水平	DG	银行系统存款增速
	人均地区生产总值	aGDP	用地区实际人均生产总值（万元）表示，数值越大，经济发展水平越高
	市场化指数	Market	以各年《中国分省份市场化指数报告》中的市场化程度指标表示

此处涉及的变量，数据来源于万得（Wind）数据库、中经网数据库、中国统计年鉴、各地区统计年鉴以及金融运行报告。针对各变量均搜集了我国除西藏外 30 个省区市 2006—2018 年的年度省际面板数据，并进行了系统整理。

7.2　民间金融对金融体系稳定性影响的门限效应实证分析

7.2.1　计量方法说明

传统门限回归模型采用最小二乘法进行回归分析，这就意味着已有文献假定核心解释变量民间金融发展水平（IF）及关键控制变量正规金融发展水平（DG）对被解释变量金融稳定性指标（FSI）的单向影响，而没有考虑这些变量与金融稳定之间可能的“回路效应（feedback effect）”，即区域金融稳定还可以反向影响民间金融和正规金融的发展。因此，在搜寻门限分位点及后续的回归分析过程中，必须考虑金融稳定性与民间金融发展可能存在的内生性问题。为此，参考 Seo 和 Shin[139]、Arčabić等[140]人的做法，本书在研究民间金融与金融稳定性的关系时，利用 SYS-GMM 进行动态面板数据模型门限效应回归分析。具体来说，在采用 SYS-GMM 进行回归的过程中，本书在解释变量中纳入了被解释变量金融稳定性指标(FSI)的一阶滞后项，以控制金融稳定性的路径依赖特征；同时，利用民间金融发展水平(IF)和正规金融发展水平(DG)的一阶滞后项和截面均值作为 IF 和 DG 的工具变量，以控制区域金融体系稳定与民间金融以及正规金融之间有可能存在的相关内生性问题。在回归过程中，为避免可能出现的遗漏变量问题，本书还加入了表示个体固定效应的省份虚拟变量和表示时间固定效应的年份虚拟变量。基于此，公式(7－3)可以改写为

$$FSI_{i,t}=\begin{cases}\alpha_{1i}+\gamma_{1t}+\rho_1\ FSI_{i,t-1}+\beta_1\ IF_{it}+\delta'_1 X_{it}+\varepsilon_{1it} & q_{it}\leqslant\gamma\\ \alpha_{2i}+\gamma_{2t}+\rho_2\ FSI_{i,t-1}+\beta_2\ IF_{it}+\delta'_2 X_{it}+\varepsilon_{2it} & q_{it}>\gamma\end{cases}\qquad(7-4)$$

式中，q_{it}代表门限变量；γ代表门限分位点；在不同的门限分组下，ρ_1和ρ_2分别为因变量FSI_{it}的一阶滞后项$FSI_{i,t-1}$的系数，β_1和β_2分别为核心解释变量IF_{it}的系数，δ'_1和δ'_2分别为一组控制变量的系数，α_{1i}、α_{2i}和γ_{1t}、γ_{2t}分别代表个体固定效应项和时间固定效应项，ε_{1it}和ε_{2it}分别为随机扰动项。

为保证 SYS-GMM 回归结果的有效性，本书还给出了 SYS-GMM 的工具变量设定 Sargan 检验的检验结果，其原假设为所有工具变量都有效；也给出了模型扰动项二阶差分序列自相关检验 Ar(2)检验的相关结果，其原假设为模型扰动项二阶差分序列不存在自相关性。另外，出于稳健性检验的需要，尽量避免回归结果依赖于某一特定的回归方法，本书在给出 SYS-GMM 动态面板回归模型结果的同时，还给出了普通最小二乘法下的固定效应门限模型(FE)，以及考虑民间金融发展水平与正规金融发展水平内生性的固定效应工具变量(FE-IV)的回归结果。

7.2.2 实证结果分析

1. 以民间金融发展水平为门限变量的回归结果分析

表 7－2 为以民间金融发展水平(IF)为门限变量的门限效应检验及对应的以门限分位点为分组依据的分组回归结果。从表 7－2 中可以看出，固定效应模型(FE)回归结果、固定效应工具变量(FE-IV)门限回归结果以及系统 GMM

(SYS-GMM)回归结果均显示门限客观存在,且门限值基本一致,以门限值为分组依据得到的分组回归计量结果系数符号以及相应显著性均较为一致,这说明此处回归结果较具稳健性。SYS-GMM 的 Sargan 检验对应的 p 值都为 1.000,这说明回归结果接受工具变量有效的原假设;Ar(2)检验对应的 p 值分别为 0.532与 0.374,这说明接受“扰动项的二阶差分项不存在序列自相关”的原假设。SYS-GMM 中被解释变量的滞后项 L. FSI 在分组回归结果中系数分别为 0.277和 0.290,在 90%的置信水平上均显著为正,这说明区域金融稳定性存在明显的路径依赖性特征。由此可以说明,本书的 SYS-GMM 回归结果有效,也说明动态面板门限回归模型是更适合于本书所研究问题的计量模型。

表 7-2　以民间金融发展水平作为门限变量的回归结果

IF	FE		FE-IV		SYS-GMM	
分位点	0.155		0.174		0.221	
p 值	0.082		0.000		0.000	
95%下限	0.149		0.113		0.151	
95%上限	0.493		0.235		0.291	
FSI	(1)	(2)	(3)	(4)	(5)	(6)
	below	above	below	above	below	above
IF	5.420*	0.214	5.157**	0.531***	3.718***	0.326***
	(1.847)	(1.535)	(2.112)	(3.533)	(3.204)	(3.595)
DG	−0.639	1.456***	−1.674***	1.561***	−1.063***	0.782***
	(−0.839)	(4.930)	(−2.596)	(5.280)	(−2.631)	(2.886)
aGDP	−0.309***	−0.011	−0.561***	0.012	−0.252***	−0.080***
	(−3.799)	(−0.550)	(−6.616)	(0.485)	(−7.138)	(−5.051)
ID	−21.505	−6.749	−56.239***	−11.262**	−23.852***	−12.893***
	(−1.655)	(−1.645)	(−4.410)	(−2.558)	(−3.344)	(−4.791)
RGDP	−4.845	−1.606***	−5.800	−1.408***	−6.786***	−1.333***
	(−1.126)	(−4.291)	(−1.460)	(−3.884)	(−3.402)	(−3.637)
Market	0.029	0.045*	0.082**	0.024**	0.087**	0.059***
	(0.388)	(1.942)	(2.293)	(2.133)	(2.568)	(3.046)
M2r	−0.034	−1.464***	−1.092**	−1.567***	−1.162***	0.056
	(−0.068)	(−7.171)	(−2.269)	(−6.928)	(−3.418)	(0.414)
L. FSI					0.277***	0.290***
					(3.538)	(4.543)

续表

FSI	(1)	(2)	(3)	(4)	(5)	(6)
	below	above	below	above	below	above
N	130	260	132	227	186	174
F/chi2	15.888	65.039	17.133	31.781	393.831	309.486
p	0.000	0.000	0.000	0.000	0.000	0.000
r^2	0.527	0.671	0.521	0.537		
Sargan					1.000	1.000
Ar(2)					0.532	0.374

注：系数下方的括号中数字为系数对应的 t 值；* 代表相应的 p 值，*** 代表 $p<0.01$，** 代表 $p<0.05$，* 代表 $p<0.1$；FE 和 FE-IV 模型均为 F 检验，SYS-GMM 模型为 Wald chi2 检验，Sargan 和 Ar(2)对应的结果均为 p 值。

就具体的回归结果而言，基于 SYS-GMM 回归得到的动态面板门限分位点 IF＝0.221，对应的 p 值为 0.000，说明以民间金融发展水平作为门限变量的门限效应确实客观存在，即民间金融对区域金融体系稳定性的影响会因民间金融发展水平的不同而存在异质性。依据门限分位点所得到的分组回归结果显示，在 IF≤0.221 的子样本回归中，IF 的系数为 3.718；在 IF＞0.221 的子样本回归中，IF 的系数为 0.326。两者均在 90％的置信水平上通过了显著性检验，但在门限值前后 IF 的系数大小存在明显差异。这说明，当民间金融规模较小时（IF＜0.221），民间金融对区域金融稳定性存在显著的正向影响，民间金融发展水平越高，越有利于区域金融稳定；当民间金融规模超过门限值时（IF＞0.221），民间金融对区域金融稳定性的正向影响仍然存在，但影响程度显著降低。一般认为，民间金融对区域金融稳定性的影响因民间金融自身发展而产生的异质性正是体现了民间金融的两面性：当民间金融规模较小时，一方面民间金融可以很好地弥补正规金融的不足，政府部门对民间金融的监管相对有效，因此民间金融对区域金融稳定性的影响主要体现为积极的一面；随着民间金融规模的不断增大，一方面民间金融仍然能起到缓解企业融资约束的作用，另一方面政府部门对民间金融的监管难度也不断上升，民间金融对区域金融稳定性的不利冲击也逐步加强，此时民间金融对区域金融稳定性的影响既存在积极的一面，也存在消极的一面，由此导致民间金融对区域金融稳定性的净正向效应显著降低。

综上可见，SYS-GMM 的回归结果显示，民间金融发展水平（IF）的门限效应显著存在。在 IF≤0.221 的子样本回归中，IF 的系数为3.718；在 IF>0.221 的子样本回归中，IF 的系数为 0.326。两者均在 90%的置信水平上通过了显著性检验，说明门限值前后，民间金融对区域金融稳定性均有正向影响，但在门限值之后民间金融的影响明显减弱。

2. 以时间为门限变量的回归结果分析

表 7-3 为以时间(year)变量为门限变量的门限效应检验及对应的以门限分位点为分组依据的分组回归结果。从表 7-3 中可以看出，固定效应(FE)回归结果、固定效应工具变量(FE-IV)门限回归结果以及系统 GMM(SYS-GMM)回归结果均显示门限存在，且门限值基本一致，以门限值为分组依据得到的分组回归结果系数符号和显著性较为一致，说明本书回归结果稳健。SYS-GMM 的 Sargan 检验对应的 p 值均为 1.000，这说明回归结果接受工具变量有效的原假设；Ar(2)检验对应的 p 值分别为 0.479 和 0.396，说明接受“扰动项的二阶差分项不存在序列自相关”的原假设。SYS-GMM 中被解释变量的滞后项 L.FSI 在分组回归结果中系数分别为 0.239 和 0.416，在 90%的置信水平上均显著为正，这说明区域金融稳定性存在明显的路径依赖性特征。

表 7-3 以时间作为门限变量的回归结果

year	FE		FE-IV		SYS-GMM	
分位点	2009		2010		2010	
p 值	0.000		0.000		0.000	
95%下限	2008		2009		2009	
95%上限	2010		2011		2011	
FSI	(1)	(2)	(3)	(4)	(5)	(6)
	below	above	below	above	below	above
IF	8.495***	0.214*	9.704***	0.388***	7.969**	0.336***
	(2.980)	(1.743)	(3.226)	(2.757)	(2.312)	(3.544)
DG	−0.336	1.902***	−0.717	1.530***	−1.719***	0.987***
	(−0.342)	(6.944)	(−0.988)	(5.015)	(−2.894)	(4.022)
aGDP	−0.298**	−0.090***	−0.064	0.079***	−0.223***	−0.044***
	(−2.221)	(−3.518)	(−0.539)	(2.975)	(−2.738)	(−2.696)
ID	−25.386**	7.644**	−56.959***	1.474	−53.398***	−1.056
	(−2.011)	(2.115)	(−4.720)	(0.315)	(−5.198)	(−0.358)

续表

FSI	(1)	(2)	(3)	(4)	(5)	(6)
	below	above	below	above	below	above
RGDP	−6.665	−1.312***	−0.508	−1.266***	−4.413	−1.311***
	(−0.925)	(−3.859)	(−0.073)	(−3.770)	(−0.769)	(−3.733)
Market	0.321***	0.045*	0.178***	0.048*	0.157***	−0.008
	(4.557)	(1.825)	(2.602)	(1.870)	(3.369)	(−0.377)
M2r	−0.565	−2.623***	0.218	−2.463***	1.619***	−0.871***
	(−1.258)	(−12.735)	(0.432)	(−11.222)	(4.478)	(−5.914)
L.FSI					0.239**	0.416***
					(2.260)	(7.964)
_cons	−1.335	4.248***			−1.004	1.710***
	(−1.402)	(13.174)			(−1.267)	(5.463)
N	150	240	120	240	120	240
F/chi2	12.955	84.000	15.339	54.033	153.331	975.055
p	0.000	0.000	0.000	0.000	0.000	0.000
r^2	0.522	0.716	0.534	0.647		
Sargan					1.000	1.000
Ar(2)					0.479	0.396

注：系数下方括号中数字为系数对应的 t 值；* 代表相应的 p 值，*** 代表 $p<0.01$，** 代表 $p<0.05$，* 代表 $p<0.1$；FE 和 FE-IV 模型均为 F 检验，SYS-GMM 模型为 Wald chi2 检验，Sargan 和 Ar(2)对应的结果均为 p 值。

就具体的回归结果而言，基于 SYS-GMM 回归得到的动态面板门限分位点 year＝2010，对应的 p 值为 0.000，说明在 2010 年前后，民间金融发展对区域金融稳定的影响存在异质性。以 2010 年为分组依据所得的分组回归结果显示，在 year≤2010 的子样本回归中，IF 的系数为 7.969；在 year＞2010 的子样本回归中，IF 的系数是 0.336。两者均在 90%的置信水平上通过了显著性检验，说明在 2010 年前，民间金融发展对区域金融稳定性存在显著的正向影响，民间金融发展水平越高，越有利于区域金融稳定。在 2010 年后，民间金融对区域金融稳定性的正向影响仍然存在，但影响程度明显减弱。这是因为，在 2010 年以前，我国正规金融发展不完善，导致民营企业融资约束问题严重，此时民间金融正是作为商业银行等正规金融体系的有效补充，在正规金融不能满足民营企业融资需求的情形下，民间金融很好地支持了民营企业的发展，也由此对区域金融稳定性存在明显的正向影响；2010 年以后，正规金融对民营企业的信贷歧视问题逐步改善，民间金融的作用相对降低。另外，正如表 7－3 所示，2010 年以后，随着民间金融规模的不断增长，民间金融的负面性质逐渐显现，由此导致民间金融对区域金融体系稳定性的净正效应逐渐降低。

可见，SYS-GMM 的回归结果显示，年度时间变量（year）的门限效应显著存在。在 year≤2010 的子样本回归中，IF 的系数为 7.969；在 year＞2010 的子样本回归中，IF 的系数为 0.336。两者均在 90％的置信水平上通过了显著性检验，说明民间金融对区域金融稳定性一直存在正向的影响效应，但在 2010 年后，该影响效应的程度明显减弱。

3. 以正规金融发展水平为门限变量的回归结果分析

表 7－4 为以正规金融发展水平（DG）为门限变量的门限效应检验及对应的以门限分位点为分组依据的分组回归结果。从表 7－4 中可以看出，固定效应（FE）回归结果、固定效应工具变量（FE-IV）门限回归结果以及系统 GMM（SYS-GMM）回归结果均显示门限存在，且门限值基本一致，以门限值为分组依据得到的分组回归结果系数符号和显著性较为一致，说明本书回归结果稳健。SYS-GMM 的 Sargan检验对应的 p 值均为 1.000，说明模型回归结果接受工具变量有效的原假设；Ar(2)检验对应的 p 值分别为 0.343 和 0.338，说明接受“扰动项的二阶差分项不存在序列自相关”的原假设。SYS-GMM 中被解释变量的滞后项 L. FSI 在分组回归结果中系数分别为 0.298 和 0.516，在 90％的置信水平上均显著为正，这说明区域金融稳定性存在明显的路径依赖性特征。可见，选择动态面板门限回归模型更优，此处 SYS-GMM 计量回归结是果有效的。

表 7-4　以正规金融发展水平为门限变量的回归结果

DG	FE		FE-IV		SYS-GMM	
分位点	0.103		0.137		0.202	
p 值	0.076		0.000		0.000	
95%下限	0.080		0.095		0.171	
95%上限	0.224		0.178		0.232	
FSI	(1)	(2)	(3)	(4)	(5)	(6)
	below	above	below	above	below	above
IF	0.642**	0.067	0.523***	0.335	0.283***	−0.411
	(2.638)	(0.188)	(2.859)	(0.610)	(2.874)	(−0.588)
DG	2.287*	0.906**	1.699**	0.408	0.629**	−0.040
	(1.744)	(2.340)	(2.246)	(0.848)	(2.514)	(−0.064)
aGDP	0.065	−0.123***	0.065*	−0.173***	−0.121***	−0.043
	(1.157)	(−3.540)	(1.934)	(−3.208)	(−8.439)	(−0.799)
ID	−1.937	−14.365**	−0.181	−25.113***	−10.358***	−41.423***
	(−0.190)	(−2.516)	(−0.027)	(−3.087)	(−3.765)	(−4.896)
RGDP	−1.411	−3.753*	−1.161**	−8.824***	−1.532***	−4.217*
	(−0.365)	(−1.832)	(−2.527)	(−3.026)	(−4.200)	(−1.678)
Market	0.068**	0.054*	−0.022	0.081*	0.074***	0.085*
	(2.129)	(1.837)	(−0.641)	(1.842)	(4.147)	(1.734)
M2r	−3.299***	−0.725***	−2.942***	−0.040	−0.567***	0.289
	(−6.016)	(−2.830)	(−9.000)	(−0.124)	(−3.726)	(0.815)
L. FSI					0.298***	0.516***
					(5.203)	(3.846)
_cons	5.587***	2.133***			1.331***	1.089
	(6.165)	(5.183)			(3.960)	(1.368)
N	95	295	161	199	277	83
F/chi2	18.562	64.122	44.662	30.716	158.113	102.939
p	0.000	0.000	0.000	0.000	0.000	0.000
r^2	0.691	0.635	0.713	0.569		
Sargan					1.000	1.000
Ar(2)					0.343	0.338

注：系数下方的括号中数字为系数对应的 t 值；* 代表相应的 p 值，*** 代表 $p<0.01$，** 代表 $p<0.05$，* 代表 $p<0.1$；FE 和 FE-IV 模型均为 F 检验，SYS-GMM 模型为 Wald chi2 检验，Sargan和 Ar(2)对应的结果均为 p 值。

就具体的回归结果而言，基于 SYS-GMM 回归得到的动态面板门限分位点 DG＝0.202，对应的 p 值为 0.000，说明以正规金融发展水平(DG)为门限变量的门限效应显著存在，民间金融发展对区域金融稳定性的影响会因正规金融发展水平而存在异质性。依据门限分位点所得到的分组回归结果显示，在 DG≤0.202 的子样本回归中，IF 的系数为 0.283，在 90％的置信水平上通过了显著性检验；在 DG＞0.202 的子样本回归中，IF 的系数为－0.411，没有通过显著性检验。这说明，在正规金融发展水平的门限值(0.202)前后，民间金融对区域金融稳定性的影响存在显著差异：当正规金融规模较小时(DG≤0.202)，民间金融对区域金融体系稳定性存在明显的正向影响效应；当正规金融规模较大时(DG＞0.202)，民间金融对区域金融体系稳定性的影响效应并不显著。可见，上述回归结果与以民间金融发展水平为门限变量的回归结果一致，即当正规金融不能有效满足市场上的金融需求时，民间金融得以产生与发展，以满足当地金融需求，缓解当地民营企业融资约束，从而促进区域金融体系稳定。也就是说，民间金融作为商业银行等正规金融体系的有效补充，与正规金融机构形成了互补的良性竞争关系，发挥着对金融体系积极的作用，其不断发展也会对区域的金融体系稳定性产生正向促进影响；而当正规金融发展水平较高时，正规金融很好地满足了全社会的金融需求，民间金融不再有充足的活动空间，因而对区域金融稳定性的影响不再明显。

综上可知，SYS-GMM 的回归结果显示，在 DG≤0.202的子样本回归中，IF 的系数为 0.283，在 90％的置信水平上通过了显著性检验；在 DG＞0.202 的子样本回归中，IF 的系数为－0.411，没有通过显著性检验。这说明，在正规金融发展水平的门限值(0.202)前后，民间金融对区域金融稳定性的影响存在显著差异：当正规金融规模较小时(DG≤0.202)，民间金融对区域金融稳定性存在显著的正向影响；当正规金融规模较大时(DG＞0.202)，民间金融对区域金融稳定性的影响并不明显。

4. 以人均地区生产总值为门限变量的回归结果分析

表 7－5 为以人均地区生产总值(aGDP)为门限变量的门限效应检验及对应的以门限分位点为分组依据的分组回归结果。从表 7－5 中可以看出，固定效应(FE)回归结果、固定效应工具变量(FE-IV)门限回归结果以及系统 GMM(SYS-GMM)回归结果均显示门限存在，且门限值基本一致，以门限值为分组依据得到的分组回归结果系数符号和显著性较为一致，说明回归结果稳健。SYS-GMM 的 Sargan 检验对应的 p 值均为 1.000，说明回归结果接受工具变量有效的原假设，也说明 SYS-GMM 回归的有效性；Ar(2)检验对应的 p 值分别为 0.417 和 0.534，说明接受“扰动项的二阶差分项不存在序列自相关”的原假设。SYS-GMM 中被解释变量的滞后项 L.FSI 在分组回归结果中系数分别为 0.058 和 0.302，在 90％的置信水平上均显著为正，这说明区域金融稳定性存在明显的路径依赖性特征。由此，

本书的 SYS-GMM 回归结果有效，也说明动态面板门限回归模型是更适合于本书所研究问题的计量模型。

表 7－5　以人均地区生产总值为门限变量的回归结果

aGDP	FE		FE-IV		SYS-GMM	
分位点	3.417		3.544		2.925	
p 值	0.000		0.000		0.000	
95%下限	3.347		2.840		2.733	
95%上限	3.637		4.247		3.118	
FSI	(1)	(2)	(3)	(4)	(5)	(6)
	below	above	below	above	below	above
IF	0.224	0.710*	0.235	0.884***	0.124	0.514***
	(1.309)	(1.810)	(1.044)	(4.460)	(0.642)	(4.574)
DG	0.399	1.141**	0.603	1.538***	−0.182	1.421***
	(1.131)	(2.468)	(1.608)	(3.367)	(−0.478)	(5.478)
aGDP	−0.185***	−0.030	−0.119***	−0.158**	−0.143***	−0.066***
	(−5.437)	(−0.534)	(−3.785)	(−2.396)	(−5.200)	(−3.782)
ID	16.737***	7.009	12.527**	22.070***	13.996***	18.068***
	(3.500)	(1.099)	(2.375)	(2.769)	(2.847)	(5.526)
RGDP	−1.604***	3.282	−1.736***	−2.641	−7.385***	−0.954**
	(−3.305)	(1.263)	(−3.675)	(−0.624)	(−3.509)	(−2.344)
Market	0.043*	−0.082*	0.059**	0.060	0.040*	0.002
	(1.772)	(−1.727)	(2.211)	(0.989)	(1.675)	(0.090)
M2r	−0.818***	−1.378***	−1.112***	−0.377	−0.790**	−0.131
	(−3.637)	(−3.094)	(−5.090)	(−0.730)	(−2.433)	(−0.807)
L.FSI					0.058***	0.302***
					(2.581)	(6.009)
_cons	2.489***	2.315***			2.919***	0.675*
	(7.315)	(3.491)			(5.403)	(1.895)
N	327	63	298	60	213	147
F/chi2	103.148	10.965	76.718	8.734	696.792	568.092
p	0.000	0.000	0.000	0.000	0.000	0.000
r^2	0.713	0.636	0.670	0.562		
Sargan					1.000	1.000
Ar(2)					0.417	0.534

注：系数下方的括号中数字为系数对应的 t 值；* 代表相应的 p 值，*** 代表 $p<0.01$，** 代表 $p<0.05$，* 代表 $p<0.1$；FE 和 FE-IV 模型均为 F 检验，SYS-GMM 模型为 Wald chi2 检验，Sargan和 Ar(2)对应的结果均为 p 值。

就具体的回归结果而言，基于 SYS-GMM 回归得到的动态面板门限分位点 aGDP=2.925，对应的 p 值为 0.000，说明以人均地区生产总值(aGDP)为门限变量的门限效应显著存在，民间金融发展对区域金融稳定性的影响会因经济发展水平不同而存在异质性。依据门限分位点所得到的分组回归结果显示，在 aGDP≤2.925 的子样本回归中，IF 的系数为 0.124，在 90%的置信水平上没有通过显著性检验；在 aGDP＞2.925 的子样本回归中，IF 的系数为 0.514，在 90%的置信水平上显著为正。这说明，只有人均地区生产总值超过门限值(2.925 万元)，民间金融才会对区域金融稳定性产生明显的正向影响；在人均地区生产总值未超过门限值时，民间金融对区域金融稳定性的影响并不显著，只是因为一个地区的经济发展水平决定了民间金融的投向。当人均地区生产总值较低、经济发展水平较为落后时，民间金融主要投向生活性信贷活动，因而对宏观经济和金融稳定性影响并不明显；经济发展水平的提高使得实体经济金融需求不断上升，此时民间金融主要投向生产性金融活动，在正规金融难以完全满足实体经济发展需求的情况下，民间金融可以有效缓解民营企业的融资约束，从而促进区域金融稳定。

综上可见，SYS-GMM 的回归结果显示，人均地区生产总值(aGDP)的门限效应显著存在。在 aGDP≤2.925 的子样本回归中，IF 的系数为 0.124，在 90%的置信水平上没有通过显著性检验；在 aGDP＞2.925 的子样本回归中，IF 的系数为 0.514，在 90%的置信水平上显著为正。这说明，只有人均地区生产总值超过门限值，民间金融才会对区域金融稳定性产生明显的正向影响；在人均地区生产总值未超过门限值时，民间金融对区域金融稳定性的影响并不显著。

5. 以市场化指数为门限变量的回归结果分析

表 7-6 为以市场化指数(Market)为门限变量的门限效应检验及对应的以门限分位点为分组依据的分组回归结果。从表 7-6 中可以看出，固定效应(FE)回归结果、固定效应工具变量(FE-IV)门限回归结果以及系统 GMM(SYS-GMM)回归结果均显示门限存在，且门限值基本一致，以门限值为分组依据得到的分组回归结果系数符号和显著性较为一致，说明本书回归结果稳健。

SYS-GMM 的 Sargan 检验对应的 p 值均为 1.000，说明回归结果接受工具变量有效的原假设，也说明 SYS-GMM 回归是有效的；Ar(2)检验对应的 p 值分别为 0.486 和 0.443，说明接受“扰动项的二阶差分项不存在序列自相关”的原假设。SYS-GMM 中被解释变量的滞后项 L. FSI 在分组回归结果中系数分别为 0.490 和 0.238，在 90%的置信水平上均显著为正，这说明区域金融稳定性存在明显的路径依赖性特征，也说明 SYS-GMM 回归结果更加有效。

表 7-6　以市场化指数为门限变量的回归结果

Market	FE		FE-IV		SYS-GMM	
分位点	7.292		5.939		6.743	
p 值	0.000		0.000		0.000	
95%下限	5.499		5.476		0.254	
95%上限	7.590		6.402		8.230	
FSI	(1)	(2)	(3)	(4)	(5)	(6)
	below	above	below	above	below	above
IF	0.062	0.424**	0.391*	0.930***	0.022	0.847***
	(0.181)	(2.145)	(1.736)	(2.992)	(0.199)	(4.549)
DG	1.994***	0.021	1.501***	0.207	0.979***	0.301
	(2.825)	(0.060)	(3.166)	(0.525)	(3.408)	(0.975)
aGDP	0.039	−0.241***	−0.040	−0.275***	−0.113***	−0.236***
	(0.850)	(−6.001)	(−1.126)	(−5.079)	(−7.380)	(−6.939)
ID	5.120	22.706***	9.938*	45.321***	6.800**	39.242***
	(0.581)	(4.429)	(1.730)	(5.522)	(2.268)	(7.755)
RGDP	−1.631**	−2.905	−1.825***	−4.095*	−1.566***	−6.360***
	(−2.519)	(−1.634)	(−3.488)	(−1.757)	(−4.089)	(−3.957)
Market	0.078	−0.037	0.106***	0.077*	0.141***	−0.003
	(1.545)	(−1.076)	(2.988)	(1.708)	(6.222)	(−0.103)
M2r	−2.141***	−0.413*	−1.653***	−0.079	−0.319**	−0.414
	(−4.722)	(−1.712)	(−5.724)	(−0.266)	(−2.094)	(−1.629)
L.FSI					0.490***	0.238***
					(7.095)	(2.581)
_cons	2.756***	2.723***			−1.019***	3.215***
	(3.506)	(7.455)			(−2.867)	(7.388)
N	262	128	145	213	208	152
F/chi2	91.421	23.904	50.562	43.543	854.018	608.201
p	0.000	0.000	0.000	0.000	0.000	0.000
r^2	0.736	0.628	0.744	0.622		
Sargan					1.000	1.000
Ar(2)					0.486	0.443

注：系数下方的括号中数字为系数对应的 t 值；* 代表相应的 p 值，*** 代表 $p<0.01$，** 代表 $p<0.05$，* 代表 $p<0.1$；FE 和 FE-IV 模型均为 F 检验，SYS-GMM 模型为 Wald chi2 检验，Sargan和 Ar(2)对应的结果均为 p 值。

就具体的回归结果而言，基于 SYS-GMM 回归得到的动态面板门限分位点 Market＝6.743，对应的 p 值为 0.000，说明以市场化指数(Market)为门限变量的门限效应显著存在，民间金融发展对区域金融稳定性的影响会因市场化程度不同而存在异质性。依据门限分位点所得到的分组回归结果显示，在 Market≤6.743 的子样本回归中，IF 的系数为 0.022，没有通过统计上的显著性检验；在 Market＞6.743 的子样本回归中，IF 的系数为 0.847，通过了在 90%的置信水平上的显著性检验。这说明，良好的制度环境可以规避民间金融的不利影响，引导民间金融健康发展，促进区域金融稳定；而在制度环境较差时，民间金融的"两面性"导致民间金融对区域金融稳定的净效应并不显著。同时，这也说明民间金融的发展需要一个稳定健康的市场化环境。

综上可见，SYS-GMM 的回归结果显示，市场化程度(Market)的门限效应显著存在。在 Market≤6.743 的子样本回归中，IF 的系数为 0.022，没有通过显著性检验；在 Market＞6.743 的子样本回归中，IF 的系数为 0.847，通过了在 90%的置信水平上的显著性检验。

7.2.3　门限实证结果汇总分析

以民间金融发展水平(IF)为门限变量的模型回归结果显示，民间金融发展水平的门限效应显著存在。在 IF≤0.221 的子样本回归中，IF 的系数为 3.718；在 IF＞0.221 的子样本回归中，IF 的系数为 0.326。两者均在 90%的置信水平上通过了显著性检验，说明门限值前后，民间金融对区域金融稳定性均有正向影响，但在门限值之后民间金融的影响明显减弱。

以时间(year)为门限变量的模型回归结果显示，时间变量的门限效应显著存在。在 year≤2010 的子样本回归中，IF 的系数为 7.969；在 year＞2010 的子样本回归中，IF 的系数为 0.336。两者均在 90%的置信水平上通过了显著性检验，说明民间金融对区域金融稳定性始终存在正向影响，但在 2010 年后，民间金融的影响程度明显减弱。

以正规金融发展水平(DG)为门限变量的模型回归结果显示，在 DG≤0.202 的子样本回归中，IF 的系数为 0.283，在 90%的置信水平上通过了显著性检验；在 DG＞0.202 的子样本回归中，IF 的系数为－0.411，没有通过显著性检验。这说明，在正规金融发展水平的门限值(0.202)前后，民间金融对区域金融稳定性的影响存在显著差异：当正规金融规模较小时(DG≤0.202)，民间金融对区域金融稳定性存在显著的正向影响；当正规金融规模较大时(DG＞0.202)，民间金融对区域金融稳定性的影响并不明显。

以人均地区生产总值(aGDP)为门限变量的模型回归结果显示，人均地区生产总值的门限效应显著存在。在 aGDP≤2.925 的子样本回归中，IF 的系数为 0.124，在 90%的置信水平上没有通过显著性检验；在 aGDP>2.925 的子样本回归中，IF 的系数为 0.514，在 90%的置信水平上显著为正。这说明，只有人均地区生产总值超过门限值，民间金融才会对区域金融稳定性产生明显的正向影响；在人均地区生产总值未超过门限值时，民间金融对区域金融稳定性的影响并不显著。

以市场化指数(Market)为门限变量的模型回归结果显示，市场化指数的门限效应显著存在。在 Market≤6.743 的子样本回归中，IF 的系数为 0.022，没有通过显著性检验；在 Market>6.743 的子样本回归中，IF 的系数为 0.847，通过了在 90%的置信水平上的显著性检验。

7.3 民间金融发展的适度规模确定

从上文门限分析可以看出，民间金融对区域金融稳定性的影响确实存在“两面性”，其作为正规金融的重要补充，能够有效缓解民营企业的融资约束，促进区域金融体系稳定；而由于其具有游离于监管之外的“非正规性”，民间金融又会对区域金融稳定产生负向冲击。因此，适度控制民间金融规模就显得尤为重要。为此，本书在回归模型中加入民间金融的二次项，以探求是否存在民间金融促进区域金融体系稳定的适度规模。构建如下模型：

$$FSI_{it} = a_0 + a_1 IF_{it} + IF_{it}^2 + a_2 Ctr_{it} + \varepsilon_{it} \quad (7-5)$$

式中，第 i 省份第 t 年的金融稳定性指标FSI_{it}被表示为核心解释变量民间金融发展水平及其二次项的函数；Ctr_{it}为一组控制变量；ε_{it}为随机扰动项。回归结果如表 7-7 所示。

从表 7-7 中可以看出，固定效应模型(FE)回归结果、固定效应工具变量(FE-IV)门限回归结果与 SYS-GMM 回归结果均显示门限存在，且门限值基本一致，以门限值为分组依据得到的分组回归结果系数符号和显著性较为一致，说明本书回归结果稳健。针对 SYS-GMM 回归有效性的检验中，Sargan 检验对应的 p 值为 1.000，说明回归结果接受工具变量有效的原假设；Ar(2)检验对应的 p 值为 0.256，说明不能拒绝“扰动项的二阶差分项不存在序列自相关”的原假设。SYS-GMM 中被解释变量的滞后项 L. FSI 在分组回归结果中系数为 0.338，在 90%的置信水平上显著为正，这说明区域金融稳定性存在明显的路径依赖性特征。

表7-7　民间金融对金融体系稳定性影响效应的非线性回归结果

变量	FE	FE-IV	SYS-GMM
	FSI	FSI	FSI
IF	0.599	1.759***	1.157***
	(1.522)	(3.418)	(6.645)
IF2	−1.606**	−2.390***	−2.017***
	(2.181)	(−2.874)	(9.190)
aGDP	−0.071***	−0.045*	−0.152***
	(−4.784)	(−1.662)	(−7.674)
DG	0.639**	1.740***	0.645***
	(2.041)	(4.957)	(3.978)
ID	18.220***	25.185***	13.810***
	(7.793)	(4.380)	(8.394)
RGDP	−2.219***	−1.661***	−2.176***
	(−4.912)	(−3.304)	(−2.589)
Market	0.127**	0.113**	0.159***
	(2.461)	(2.435)	(9.067)
M2r	−0.882***	−1.932***	−1.229***
	(−5.417)	(−7.456)	(6.584)
L.FSI			0.338***
			(9.107)
_cons	2.508***		−0.099
	(8.326)		(−0.330)
N	390	360	360
F/chi2	71.517	73.881	3833.585
p	0.000	0.000	0.000
r^2	0.741	0.624	
Sargan			1.000
Ar(2)			0.256

注：系数下方的括号中数字为系数对应的 t 值；* 代表相应的 p 值，*** 代表 $p<0.01$，** 代表 $p<0.05$，* 代表 $p<0.1$；回归系数联合显著性检验中，FE 和 FE-IV 模型均为 F 检验，SYS-GMM模型为 Wald chi2 检验，Sargan 和 Ar(2)对应的结果均为 p 值。

从表7-7的回归结果可以看出，SYS-GMM模型中民间金融发展水平（IF）的一次项系数是1.157，二次项系数是－2.017，且二者通过了相关显著性检验，这说明民间金融与区域金融稳定性之间的关系呈现出非线性的倒U形，同时也说明，民间金融对金融稳定性的发展存在适度规模，根据一次项和二次项的回归系数以及二次函数顶点公式$x=b/(-2a)$，可算得民间金融发展能够促进金融稳定的适度规模为IF＝0.287。具体而言，当IF＜0.287时，民间金融发展能够正向促进金融稳定，而当民间金融发展水平超过临界点后（IF＞0.287），民间金融则开始对金融稳定产生负向作用。上述结果表明，民间金融只有在形成一定规模后才能对金融体系稳定发展产生积极影响，但这并非意味着民间金融规模越大越好。充分发挥民间金融的作用，并不意味着放任民间金融自由发展，而是需要通过政策引导，将民间金融控制在适度规模，使其能够与正规金融发展水平和宏观经济发展水平相适应，这样才能够真正实现民间金融与金融体系稳定性的良性互动发展。

综上可见，SYS-GMM的回归结果显示，IF的一次项系数和二次项系数分别是1.157、－2.017，且都通过了显著性检验，这说明民间金融与区域金融稳定性之间的关系呈现出非线性的倒U形，同时也说明，民间金融对金融稳定性的发展存在适度规模，根据一次项和二次项的回归系数以及二次函数顶点公式$x=b/(-2a)$，可算得民间金融与金融稳定良性互动发展的适度规模为IF＝0.287。

7.4 本章小结

本章分析了民间金融对金融体系稳定性影响效应的门限异质性。研究发现，以民间金融发展水平为门限变量的模型回归结果显示，民间金融发展水平的门限效应显著存在，门限值为0.221，在门限值前后，民间金融对区域金融稳定性均有正向影响，但在门限值之后民间金融的影响程度明显减弱。以时间为门限变量的模型回归结果显示，时间变量的门限效应显著存在，门限值为2010年，民间金融对区域金融稳定性始终存在正向影响，但在2010年后，民间金融的影响程度明显减弱。以正规金融发展水平为门限变量的模型回归结果显示，门限值为0.202，在正规金融发展水平的门限值前后，民间金融对区域金融稳定性的影响存在显著差异：当正规金融规模较小时（DG≤0.202），民间金融对区域金融稳定性存在显著的正向影响；当正规金融规模较大时（DG＞0.202），民间金融对区域金融稳定性的影响并不明显。以人均地区生产总值为门限变量的模型回归结果显示，人均地区生产总值的门限效应显著存在，门限值为 2.925 万元。只有人均地区生产总值超过门限值，民间金融才会对区域金融稳定性产生明显的正向影响；在人均地区生产总值未超过门限值时，民间金融对区域金融稳定性的影响并不显著。以市场化指数为门限变量的模型回归结果显示，市场化指数的门限效应显著存在，门限值为6.743。市场化指数只有在门限值以上时，民间金融才会对区域金融稳定性产生明显的正向影响；在市场化指数未达到门限值时，民间金融对区域金融稳定性的影响并不显著。

同时，本章研究还发现，民间金融与区域金融稳定性之间的关系呈现出非线性的倒 U 形，说明在民间金融与金融稳定性之间关系中存在适度规模，并计算得出民间金融与金融稳定良性互动发展的适度规模为 IF＝0.287。由此可见，第 3 章的研究假设 4 得以验证，即民间金融对金融体系稳定性的影响具有门限效应，且民间金融发展存在最优相对规模。

第8章 结论与政策建议

8.1 主要结论

本书在民间金融和金融稳定的相关理论和文献基础上，结合目前我国民间金融快速发展、规模不断扩大，同时我国政府越来越重视金融稳定和防范金融风险的宏观背景，深入研究了我国的民间金融对金融体系稳定性的影响效应。本书主要聚焦于民间金融对金融体系稳定性影响效应的理论与实证分析，着重深入研究了民间金融对金融体系稳定性影响的空间溢出效应、作用渠道以及该效应的异质性等学术界高度关注的关键问题。综合来看，本书的主要研究结论如下。

1. 揭示了民间金融对金融体系稳定性影响的作用机理

民间金融对金融体系稳定性的影响效应分析，主要包括民间金融对金融体系稳定性的正向影响效应以及负向影响效应，其中从论证民间金融促进宏观经济发展、促进金融创新、与正规金融形成互补以及促进金融市场竞争四个方面分析了民间金融对金融体系稳定性的正向影响效应，从影响货币政策调控减弱金融体系稳定性、影响金融秩序正常运行以及民间金融的高利率风险影响金融体系稳定、民间金融的信用风险导致金融体系的不稳定、民间金融发展增加社会不稳定因素等方面分析了民间金融对金融体系稳定性的负向影响效应；重点分析了民间金融对金融体系稳定性影响效应的传导机制，即从需求侧方面的投资、消费、贸易三个渠道分析了民间金融对金融体系稳定性影响效应的传导机制。

2. 民间金融对金融体系稳定性具有空间溢出效应

民间金融与金融稳定性均存在明显的空间集聚特性，本书采用空间计量方法对民间金融与区域金融稳定性之间的关系进行了研究分析。为了保证研究结论的稳健性，本书采用空间邻近、地理距离和社会经济距离矩阵三种方法对民间金融对金融体系稳定性的空间溢出效应进行计量分析，深度研究了空间溢出效应问题。研究发现，民间金融对金融体系稳定性的总效应显著为正，说明从长期来看，民间金融发展有助于区域金融稳定；从效应分解来看，直接效应为正，且具有统计上的显著性，说明本地区的民间金融对本地区的金融体系稳定性具有正向溢出效应；间接效应显著为负，说明邻近地区的民间金融发展不利于本地区的金融体系稳定。空间邻近、地理距离和社会经济距离矩阵结果一致，说明此处的回归结果具有稳健性。

3. 民间金融影响金融体系稳定性存在中介作用路径以及时空效应

本书选用中介效应模型对民间金融对金融体系稳定性影响效应作用路径的存在性进行了分析；考虑到不同时段的差异性，本书按照时间段进行划分，分析了民间金融对金融体系稳定性影响效应作用路径的时间异质性；考虑到不同区域的差异性，按照空间进行划分，将全国分成东部、中部以及西部三个子样本，分别对三个子样本进行分析，深入分析了民间金融对金融体系稳定性影响效应作用路径的空间异质性。研究发现，从省际层面回归结果看，民间金融对区域金融稳定性影响的投资路径、消费路径和贸易路径均显著为正，说明民间金融对区域金融稳定性影响的投资路径、消费路径和贸易路径客观存在；从时间维度看，在2010年以前，民间金融影响区域金融稳定性的路径只有消费路径和贸易路径，而在2010年以后，民间金融影响区域金融稳定性的消费路径、投资路径和贸易路径均存在，说明我国民间金融对金融体系稳定性的影响效应具有时间维度上的异质性。从空间维度看，东部地区投资路径不存在，中部地区消费路径不存在，西部地区贸易路径不存在，即民间金融对金融体系稳定性的影响效应存在空间异质性。

4. 民间金融对金融体系稳定性的影响存在门限效应

第一，以民间金融发展水平为门限变量的模型回归结果显示，民间金融发展水平的门限效应显著存在，在门限值前后，民间金融对区域金融稳定性均有正向影响，但在门限值之后民间金融的影响程度明显减弱。第二，以时间为门限变量的模型回归结果显示，时间变量的门限效应显著存在，民间金融对区域金融稳定性始终存在正向影响，但在门限值以后，民间金融的影响程度明显减弱。第三，以正规金融发展水平为门限变量的模型回归结果显示，在正规金融发展水平的门限值前后，民间金融对区域金融稳定性的影响存在显著差异：当正规金融规模小于门限值时，民间金融对区域金融稳定性存在显著的正向影响;当正规金融规模大于门限值时,民间金融对区域金融稳定性的影响并不明显。第四,以人均地区生产总值为门限变量的模型回归结果显示,人均地区生产总值的门限效应显著存在:只有人均地区生产总值超过门限值,民间金融才会对区域金融稳定性产生明显的正向影响;在人均地区生产总值未超过门限值时,民间金融对区域金融稳定性的影响并不显著。第五,以市场化指数为门限变量的模型回归结果显示,市场化指数的门限效应显著存在:市场化指数只有在门限值以上时,民间金融才会对区域金融稳定性产生明显的正向影响;在市场化指数未达到门限值时,民间金融对区域金融稳定性的影响并不显著。同时,研究还发现,民间金融与区域金融稳定性之间的关系呈现出非线性的倒U形,说明民间金融与金融稳定性之间关系中存在适度规模,并计算得出了民间金融与金融稳定良性互动发展的适度规模。

8.2 政策建议

民间金融是我国金融抑制和信贷配给等问题下的产物,但民间金融的存在也拓宽了企业的融资渠道,成为正规金融的合理补充,为我国经济的发展做出了一定的贡献,但其所蕴含的风险也对金融体系稳定性产生了影响。本书从我国民间金融与金融体系稳定性的发展现状出发,通过理论分析与实证分析相结合的方法深入剖析了民间金融对金融体系稳定性的影响效应,揭示了民间金融对金融体系稳定性影响效应的作用渠道,并对民间金融对金融体系稳定性影响的时空效应及门限效应进行了实证验证。根据本书的研究结论,结合我国实际,在此提出促进民间金融以及金融体系稳定性的政策建议。

8.2.1 民间金融的行为规范与市场化政策建议

1. 遵循市场准则,规范民间资本经营行为

随着金融自由化步伐的加快,金融改革与经济发展可谓机遇与挑战并存。因此,有必要逐步改变民间金融市场的准入机制,对于遵循市场行为规则、符合相应设定条件的民间金融,政府应允许其获得生存与发展空间,并做出正式制度安排[141]。从制度设计角度看,国家应出台扶持民间金融发展的政策,引导"灰色金融"向规范化、合法化、机构化金融转变。从金融监管角度看,我国从 2018 年开始,

小贷公司和典当行明确由银保监会监管，但是互联网金融仍然存在多头金融监管的困境，民间金融应依靠市场契约制度建立，在接受规范管理和合法监督的条件下，逐步走向正规化。

2. 规范发展网络金融，降低社会融资风险

近年来，互联网金融发展迅速，网络银行、网络金融交易融资平台和第三方支付等互联网金融手段已逐步为大众所接受。互联网金融结合了传统金融与现代网络的互补优势，颠覆了金融发展的常态模式，其在激活民间资本、实现资金极限匹配方面有着传统金融无法比拟的优势。首先，融资参与人数不受限，能以小额资金支撑高额贷款，便于分散风险；其次，融资地区不受限制，易于利率水平趋同，降低民间借贷的交易成本；最后，融资信息传递快速便捷，能迅速满足实体经济需求，助推经济转型。但是，互联网金融模式也存在信息不对称、风险定价高度复杂等缺陷。对此，需要政府加以科学监管和正确引导：一是建立健全社会征信体系，保证网络平台交易人的身份识别，但风险与收益则由市场定价；二是充分利用大数据优势，测算公司和个人的还款能力和违约概率，实行持续动态的风险定价管理；三是加强融资人自我风险控制能力，通过扩大联保范围和提高资金运作透明度等方式，降低投资人风险。

3. 加强制度创新，构建多元民营金融机构

为构建多元化的民营金融机构，可以通过金融主体和金融工具创新，降低银行业结构集中度，以校正资金配置扭曲现象，提升金融配置效率。具体来讲，从制度权限的角度看，可以进一步开放在社区、村镇的设点布局，制定合理规章，明确民营银行的准入和退出机制，探索试点全民资银行，还可以允许民营资本以兼并、收购等方式，直接参股甚至控股城市商业银行和信用社。从机构运作的角度看，可以降低从事金融业务的法律门槛，扩大金融市场参与主体，还可以充分发挥专业投资机构的作用，鼓励民众参与私募股权融资和中小企业私募债，把资金让位于专业机构，促使资金真正流向优质企业和产业。此外，还需加强对专业投资机构的金融监管。通过市场化方式实现民间金融的合法化和规范化，不仅有利于民间金融组织提升信誉度和规范经营，降低交易成本和违约风险，还有利于政府进行风险预警和风险甄别，适当控制民间金融可能引发的金融动荡。在信贷市场上，只有多元融资主体实现充分竞争，真实的民间融资需求才能获得最大限度的满足。

4. 加强与正规金融机构合作，实现民间金融和正规金融和谐发展

民间金融的社会资本作用机制只在一定的区域范围内具有效率，一旦超越这一范围，由于交易成本、信息不对称等因素的存在，民间金融的风险就会加大。而正规金融由于其自身特点实际上也存在一个效用区域，两者都只是在其特定的区域范围内实现其比较优势。因此，可以在民间金融和正规金融之间建立合理的分工，使二者都能发挥自己的比较优势，从而实现帕累托改进。具体做法可以借鉴民生银行浙江分行个人委托贷款模式，搭建民间信贷交易平台。所谓“个人委托贷款”，即银行作为中介，为民间借贷双方牵线搭桥——客户将资金存入银行，由银行帮助挑选合适的放贷对象，客户可自行确定贷款金额、期限、利率等。银行负责监督贷款的使用和催收还款。具体来说，这种业务有两种方式：一种是贷款人想放款还没有找到借款者，他可以把自己愿意借出的资金量和利率要求告诉银行，银行帮他寻找借款客户，借贷行为完成后，银行向他收取手续费，同时向借款人收取保证金；另一种是借贷双方彼此信任，自愿发生借贷行为，可以通过银行办理委托贷款手续，银行从中收取手续费。通过银行中介来办理个人贷款业务，引导民间金融活动，无论其操作的规范性还是法律的保障性，都比单纯的民间金融交易大大提高。因此，正规金融机构可以通过机制创新、工具创新等手段来加大对资金供需双方的引导，实现民间金融和正规金融的和谐发展。

8.2.2 促进民间金融适度发展的政策建议

1. 适度繁荣发展民间金融体系

本书研究结果表明，民间金融发展的规模存在最优点。实际上，民间金融与正规金融有着本质的区别，正规金融虽然是政府对于满足市场金融需求的正规制度安排，然而正规金融在市场上存在很多不愿涉足的领域，比如资质较差的民营中小企业、缺乏担保物的个体户等，民间金融内生于民营经济，天然地在满足民营经济融资需求方面存在信息优势以及成本优势，因此，应适度繁荣民间金融体系，以更好地满足民营经济的融资需求。具体实施上，宜建立地区性的民间金融市场，倡导民间金融机构化，如建立民间金融服务中心等。搭建民间金融信息交流平台，提高民间金融市场的运行效率，促进民间金融市场健康发展。同时，宜厘清民间金融的业务边界，防止与正规金融体系的风险交叉感染。民间金融业务一方面具有自身的优势，另一方面也具有固有的先天缺陷，如隐蔽性、高杠杆性、业务交叉、逆向选择等，这些特点极易使民间金融集聚较大风险，而民间金融又与正规金融存在紧密联系，极易使得民间金融风险向正规金融机构交叉传染。因此，应厘清民间金融业务的边界，民间金融业务不得与正规金融交叉运营，使民间金融的风险囿于民间金融业务范围内，严控风险向正规金融体系乃至整体金融体系传染蔓延，确保民间金融风险对金融体系稳定性的负面影响最小化，维持金融体系的长期稳定状态。

2. 加强民间金融组织内部管理

本书研究表明，民间金融的发展对金融体系稳定性具有显著影响，因此民间金融的健康发展有利于金融体系稳定。而民间金融与正规金融不同，民间金融本身就产生于正规金融体系之外，甚至有学者谓之以草根金融，因而民间金融的专业化程度较低，从业人员的素质也不高，因此应建立防范民间金融风险的长效机制，加强民间金融组织内部管理，建立其自身完善的内部风控机制，致力于自我风险防控。具体来看，民间组织应健全内部风险控制流程，优化金融资源配置，在内部部门之间建立相互制约又能高效协调配合的风险协调机制，对于信贷业务、会计业务等重要环节要重点管理，建立重点监督而又富有弹性的制约机制。另外，像正规金融的信贷风控制度、流动比率制度、财务规划制度等，民间金融也应尽快建立，强化内部管理，提高自身风险防治能力。

3. 严控民间金融的风险溢出效应

本书实证结果显示，民间金融对金融体系稳定性具有空间溢出效应，即本地民间金融发展不仅对本地金融体系稳定产生影响，对邻近地区的金融体系稳定也产生影响。因此，首先应准确掌握民间金融的发展现状、面临的问题等信息。相比于正规金融，民间金融的信息获取难度大，准确性不足，加强这方面的工作有助于管控其风险。其次，应当重点关注民间金融和其他金融机构关联性较强的环节。在明确民间金融对金融稳定性存在风险溢出效应后，其风险传递渠道应当受到重视。在民间金融业务的各环节中，一方面要从民间金融产品自身出发加强对其风险的监控，建立风险止损机制，另一方面要适度降低民间金融和其他金融机构的关联性，隔离风险，双管齐下，降低民间金融的风险溢出效应，维护金融体系稳定。最后，从金融环境和金融创新的角度看，要加强对民间金融产品创新和发展的支持，若产生更符合金融发展趋势的民间金融类产品，则其在满足融资需求的基础上对金融体系稳定的消极作用会很小。产品的改良、金融服务的升级、金融创新的推进都是发展的积极动力，也为进一步的监管措施提供导向，保障民间金融健康发展，以维护金融稳定。

4. 构筑民间金融的前瞻性预警机制

民间金融对金融体系稳定性具有显著影响，因此在民间金融机构建立内部控制机制的同时，监管机构还要建立前瞻性的民间金融风险预警机制，以及时控制民间金融对金融体系稳定的不利影响。民间金融预警机制应具有动态预测、及时预警的功能，而且预警机制还应对民间金融组织自身的风险防控提供前瞻性的指导，强化民间金融的自身风险控制能力。同时，构筑民间金融影响金融体系稳定的前瞻性预防机制，能够使得管理层及时捕获到民间金融的实时发展动态，抓住其动态关键风险点，以便采取针对性的措施控制其风险，尽量减少民间金融风险对金融体系稳定的负面影响效应。另外，民间金融具有隐蔽性特点，因此，政府部门还应建立民间金融风险运行的信息共享机制，及时披露关键风险信息，以便及时应对可能突如其来的民间金融危机。

8.2.3 促进民间金融与金融体系稳定良性互动发展的政策建议

1. 优化金融发展环境

本书研究发现，民间金融对金融体系稳定性具有显著的正效应，说明从长期来看，民间金融发展有助于区域金融稳定，而民间金融的健康发展需要依靠健全完善的金融环境。首先，打破正规金融的信贷配给状态，推动金融业更加市场化，鼓励为中小企业和民营企业提供资金，使正规金融可以充分发挥融资的作用，满足市场上大部分的融资需求。这样民间融资会回归理性，作为补充性的融资方式可以充分发挥作用，成为正规金融的合理补充。其次，应继续推进利率市场化进程。民间金融市场的利率较高，市场化程度较低，货币政策也很难传导至民间金融市场中。因此，应当继续推进利率市场化改革，打破正规金融市场和民间金融市场的利率分割和价格畸形的状态，加强两个市场之间的联系，促进两个金融市场的稳定发展。这既有利于民间金融的规范发展，也有利于我国金融体系的稳定。再次，加强社会信用体系建设。相对完备的社会信用体系是当前规范民间金融的必要条件，且相比于正规金融，民间金融的透明度较低，参与主体复杂，因此更需要加强信用建设，建立和完善失信惩戒机制。最后，完善相关民间金融的法律法规，引导合法性质的民间金融阳光化发展，重拳打击非法性质的民间金融，维持金融体系稳定。

2. 政府应采取差异性政策引导民间金融发挥区域优势

本书研究表明，民间金融对金融体系稳定性的影响效应存在空间异质性，同时，民间金融在一定区域内以及一定规模下具有明显的信息收集和低成本的优势，对区域内企业可以提供灵活的金融服务，为经济的增长产生积极的推动作用。因此，各区域政府应根据本地的实际情形，采取差异性、针对性的引导政策措施，积极引导和推动民间金融规范发展，发挥民间金融灵活多样以及处理信息不对称问题的优势，发挥其在一定区域内的积极作用，如规范发展小额贷款公司和社区银行等，使其在一定范围内能够发挥其优势。

3. 加强金融监管部门的相互协调

本书研究结论表明，民间金融对金融体系稳定性存在空间溢出效应，且间接效应显著为负，即邻近地区的民间金融发展不利于本地区的金融稳定。因此，应建立跨区域全国性的民间金融监管协调委员会。民间金融监管协调委员会可以挂靠人民银行总行或国务院，统筹协调全国的民间金融风险监管，并尝试设立从中央到地方的专门监管部门，配备专业人员，提高监管效率，及时地发现和防控风险。具体实施上，应按照功能监管模式展开，并针对所有民间金融产品进行分类，加强全国各地区监管部门之间的协调配合，建立全国范围内跨区域的立体交叉式民间金融全国统一监管模式，全方位无死角地监控民间金融风险状态，严控民间金融风险的空间溢出，维持金融体系的稳定运行。

8.3　研究展望

本书主要就民间金融对金融体系稳定的影响效应进行了分析，但还存在许多不足之处，例如，对于民间金融的测算，当前学术界对于民间金融的测算方法很多，本书仅采用了一种当前比较通用的做法，但该做法未来以及不同区域的适用性问题值得进一步考究以及改进；同时，本书从理论到实证对民间金融对金融体系稳定性影响效应的时空差异性以及门槛差异性进行了分析，但存在未来有待更进一步完善的问题。例如，民间金融对金融体系稳定性影响效应的理论研究还可深入分析研究，相关理论分析和相关模型也可继续不断优化；针对中国民间金融的特征，可继续深入研究我国民间金融风险监控体系的构建问题，以更好地保持金融体系的稳定性；随着民间金融在我国金融体系中的重要性提高，我国民间金融机构规范发展与正规金融体系建设的良性互动关系等相关问题均有待不断探索研究。

参考文献

[1]安强身，胡金焱，姜占英. 民间金融互联网化：现实观照与理论思考[J]. 经济学家，2017，29(10)：86－95.

[2]麦金农. 经济发展中的货币与资本[M]. 卢骢，译. 上海：上海人民出版社，1997.

[3]肖. 经济发展中的金融深化[M]. 邵伏军，译. 上海：上海三联书店，1988.

[4]FRANKLIN A，QIAN M J，XIE J. Understanding informal financing[J]. Journal of Financial Intermediation，2018，06：1－15.

[5]GHOSH S，KUMAR R. Monetary policy and informal finance[J]. Economic and Political Weekly，2015，50(24)：18－20.

[6]PASSAS N，HSU S，LI J J. Development and legitimacy of Chinese informal finance[J]. The Pacific Review，2012，25(4)：495－511.

[7]STRAUB S. Informal sector：the credit market channel[J]. Journal of Development Economics，2005，78(2)：299－321.

[8] ANDERSON S，BALAND J-M. The economics of roscas and intrahousehold resource allocation[J]. The Quarterly Journal of Economics，2002，117(3)：963－995.

[9]JOHANSEN A，SORNETTE D. Endogenous versus exogenous crashes in financial markets[J]. Social Science Electronic Publishing，2002，52(4)：43－49.

[10]姜旭朝，丁昌锋. 民间金融理论分析：范畴、比较与制度变迁[J]. 金融研究，2004，47(8)：100－111.

[11]林毅夫，孙希芳. 信息、非正规金融与中小企业融资[J]. 经济研究，2005，51(7)：35－44.

[12]凌峻岭. 规范民间借贷的法律分析及相关建议[J]. 福建金融，2010，25(7)：52－53.

[13]郑耀群，周新生. 我国民间金融发展的制度变迁与制度安排[J]. 经济经纬，

2007,24(6):140－142.

[14]高发.中国民间金融发展研究[J].商业研究,2006,44(2):60－64.

[15]江曙霞,秦国楼.现代民间金融的政策与思考[J].决策借鉴,2000(4):16－18.

[16]陈蓉.论我国民间金融管制的重构[D].重庆:西南政法大学,2008.

[17]温铁军.怎样认识乡镇企业产权:评陈剑波《制度变迁与乡村非正规制度——来自中国乡村的经验:乡镇企业的财产形成》[M]//张曙光.中国制度变迁的案例研究(第三集).北京:中国财政经济出版社,2002.

[18]KAKES J,SCHINASI G J,HOUBEN A. Towards a framework for safeguarding financial stability [J]. IMF Working Paper,2004,No. 04/101:1－48.

[19]CROCKETT A. The theory and practice of financial stability[J]. De Economist,1996,144:531－568.

[20]HAUSMANN R,FERNANDEZ-ARIAS E. Foreign direct investment:good cholesterol? [J]. Inter-American Development Bank Research Department Working Papers,2000,No. 417:1－46.

[21]SCHINASI G J. Preserving financial stability[J]. IMF Economic Issues,2006,No. 36:1－28.

[22]DUISENBERG W F. The contribution of the euro to financial stability[M]//Globalization of financial markets and financial stability-challenges for Europe. Baden-Baden:Nomos Verlagsgesellschaft,2001:37－51.

[23]SOUZA S R S D,SILVA T C,TABAK B M,et al. Evaluating systemic risk using bank default probabilities in financial networks [J]. Journal of Economic Dynamics and Control,2016,66:54－75.

[24]KOBAYASHI S. Insurance and financial stability[J]. Journal of Financial Regulation and Compliance,2017,25(1):105－112.

[25]FERGUSON R W. Should financial stability be an explicit central bank objective? [C]//Challenges to central banking form globalized financial systems conference. Washington D C:International Monetary Fund,2002:16－17.

[26]PADOA-SCHIOPPA T. Central banks and financial stability:exploring a land in between[R]. Frankfurt:European Central Bank,2003.

[27]刘生福,韩雍.资本监管的金融稳定效应与经济增长效应:综述与展望[J].金

融理论与实践，2019，38(4)：66－73.

[28]陈雨露，马勇，阮卓阳. 金融周期和金融波动如何影响经济增长与金融稳定[J]. 金融研究，2016，59(2)：1－22.

[29]刘婵婵. 商业银行顺周期性与宏观审慎政策研究[D]. 北京：中央财经大学，2017.

[30]CHANDAVARKAR A. Informal finance[M]//CHANDAVARKAR A. Central banking in developing countries. London：Palgrave Macmillan，1996：128－139.

[31]OKURUT F N，BOTLHOLE T. Informal financial markets in Botswana：a case study of Gaborone city[J]. Development Southern Africa，2009，26(2)：255－270.

[32]GHOSH S，KUMAR R. Monetary policy and informal finance[J]. Economic and Political Weekly，2015，50(24)：18－20.

[33]STIGLITZ J E，WEISS A. Credit rationing in markets with imperfect information[J]. The American Economic Review，1981，71(3)：393－410.

[34]潘彬，杨鑫，肖继宏，等. 民间金融与中国宏观经济：理论机制与实证分析[J]. 中国管理科学，2018，26(3)：51－58.

[35]刘希章，李富有，庞加兰，等. 民间金融与全要素生产率增长：作用渠道与区域差异[J]. 经济与管理研究，2019，40(8)：33－48.

[36]李富有，沙春枝. 民间金融对经济高质量发展影响的空间差异研究[J]. 统计与信息论坛，2020(11)：68－76.

[37]沙春枝，李富有. 民间金融对经济高质量发展影响的实证研究[J]. 统计与信息论坛，2020(6)：46－53.

[38]廖冠民，贾婧，兰舒琳. 民间金融对民营企业投资行为的影响[J]. 管理评论，2021(6)：255－269.

[39]谭凯德，田利辉. 民间金融发展与企业金融化[J]. 世界经济，2021，44(3)：61－85.

[40]孙武军，贾晓倩，王轶. 民间借贷能提升返乡创业企业的绩效吗：基于2019年全国返乡创业企业的调查数据[J]. 财贸研究，2021(7)：56－68.

[41]王婷，史晋川，娄姚荣. 社会网络对民间金融风险的作用：基于社会网络结构的理论与实证分析[J]. 浙江大学学报(人文社会科学版)，2018，48(1)：97－115.

[42]张欣,苏继超.民间金融网络中的风险传染机制与监管策略[J].统计与决策,2018(14):156-160.

[43]刘希章,李富有,孙梅艳.民间金融风险引发因素、生成机理及性态演变[J].东岳论丛,2020(8):91-99.

[44]郭沛.中国农村非正规金融规模估算[J].中国农村观察,2004,35(2):21-25.

[45]李建军.中国未观测信贷规模的变化:1978—2008年[J].金融研究,2010,53(4):40-49.

[46]李建军.地下金融规模及其对宏观经济影响分析[J].中国金融,2005,56(4):25-28.

[47]彭芳春.中西部民间金融研究:武汉特点与规模测算[J].统计与决策,2010,26(10):107-109.

[48]易远宏.我国农村民间金融规模测算:1990—2010[J].统计与决策,2013,29(11):126-129.

[49]赵鑫.中国民间金融发展的制度分析与改革设计[D].北京:中共中央党校,2013.

[50]牛犇.中国民间金融发展对经济发展的影响研究[D].南昌:江西财经大学,2013.

[51]欧文.民间金融规模测算及其规范发展研究:基于湖南株洲的实证分析[J].金融经济,2013,20(10):30-33.

[52]张磊磊.我国民间金融与经济发展关系研究[D].开封:河南大学,2016.

[53]钟琛.民间金融对经济增长的影响:基于内生增长模型分析及实证研究[D].南昌:江西财经大学,2016.

[54]范春琴.我国民间金融对经济增长及产业结构影响的研究[D].合肥:安徽财经大学,2012.

[55]董雯.我国民间金融及其对城镇化影响的实证研究[D].成都:西南交通大学,2017.

[56]朱海城.民间金融规模的测算与分析:基于2000—2017年浙江数据的实证研究[J].新金融,2018,25(7):57-61.

[57]刘希章,李富有.民间金融属性特征、性态演进与规模测度[J].暨南学报(哲学社会科学版),2017,39(10):1-11.

[58]HONOHAN P,KLINGEBIEL D. The fiscal cost implications of an accommodating approach to banking crises[J]. Journal of Banking & Finance,2003,27(8):1539－1560.

[59]FELL J,SCHINASI G J. Assessing financial stability:exploring the boundaries of analysis[J]. National Institute Economic Review,2005,192(1):102－117.

[60]DAVIS E P,KARIM D. Comparing early warning systems for banking crises[J]. Journal of Financial Stability,2008,4(2):89－120.

[61]殷兴山,孙景德,徐洪水. 区域金融稳定评价体系与实证分析[J]. 上海金融,2005,26(3):46－48.

[62]杨洋,王伟. 新常态下金融风险因素的认识和防控[J]. 商场现代化,2017,41(15):142－143.

[63]张东旭. 影子银行规模对区域金融稳定性的影响:基于2005—2016年省级面板数据的实证分析[D]. 济南:山东大学,2018.

[64]张婷. 影子银行规模对区域金融稳定的影响:以浙江省为例[D]. 兰州:兰州大学,2016.

[65]MCCULLEY P. Teton reflections[D]. PIMCO Global Central Bank Focus,2007.

[66]FLORO S L, YOTOPOULOS P A. Informal credit markets and the new institutional economics:the case of Philippine agriculture[J]. Baolder,C O: Westview Press,1991.

[67]BAILY M N. Memo to the president:rebuild financial institutions and confidence[J]. 2008.

[68]REINHART C M,ROGOFF K S. Banking crises:an equal opportunity menace[J]. Journal of Banking & Finance,2008,37(11):4557－4573.

[69]Financial Crisis Inquiry Commission. The financial crisis inquiry report[M]. PublicAffairs,2011.

[70]GENNAIOLI N,MARTIN A,ROSSI S. Banks,government bonds,and default: what do the data say? [J]. Journal of Monetary Economics,2018(98):98－113.

[71]范建军. 利率市场化攻坚战已打响:建立存款保险制度刻不容缓[J]. 中国发展观察,2012(8):59－62.

[72]方先明,孙利. 民间金融风险:形成、传染与演化[J]. 中央财经大学学报,2015,

35(7):28－34.
[73]吴炳辉,何建敏.中国利率市场化下的金融风险理论[J].财经科学,2014,58(3):1－10.
[74]张强,胡金焱.植入民间金融部门的DSGE模型与货币政策规则有效性分析[J].山东大学学报,2016,53(6):34－47.
[75]吴国威,杨玲.民间金融风险成因及防范对策[J].人民论坛,2016,23(5):100－102.
[76]陆晓明.美国经济复苏对未来经济周期的影响[J].金融博览,2014(12):28－29.
[77]汤志勇.民间融资风险传导对金融体系的影响及对策[J].福建金融,2014,29(4):52－55.
[78]王擎,白雪.我国影子银行发展与银行体系稳定:来自省际面板数据的证据[J].财经科学,2016(4):1－12.
[79]张宏铭.中国影子银行效应、风险及监管研究[D].沈阳:辽宁大学,2014.
[80]杨江源.基于博弈分析的银行保险金融控股模式共赢机制研究[J].决策与信息(下旬刊),2016(11):27－28.
[81]叶茜.中小企业与银行间的动态博弈模型分析[J].商场现代化,2006(36):265.
[82]王立.如何引导民间金融市场发展[J].人民论坛,2016(24):72－73.
[83]邓超,唐莹,杨文静.影子银行体系对我国金融稳定性的影响研究[J].经济经纬,2016,33(5):149－154.
[84]封思贤,居维维,李斯嘉.中国影子银行对金融稳定性的影响[J].金融经济学研究,2014(4):3－12.
[85]冯建秀,张国祚.我国影子银行对金融稳定影响的实证分析[J].统计与决策(14):152－156.
[86]李富有,苏韶华.民间借贷对银行信贷和银行体系稳定性的影响[J].华东经济管理,2015,30(5):90－96.
[87]方先明,谢雨菲,权威.影子银行规模波动对金融稳定的溢出效应[J].经济学家,2017(1):81－89.
[88]方先明,谢雨菲.影子银行及其交叉传染风险[J].经济学家,2016(3):60－67.
[89]宋建华.非正规金融、企业融资与金融制度变迁[D].厦门:厦门大学,2011.

[90]杨瑞龙.论我国制度变迁方式与制度选择目标的冲突及其协调[J].经济研究，1994(5):40-49.

[91]郭兴平.农村金融市场均衡理论及对中国的启示[J].农村金融研究，2010(12):68-73.

[92]张文路.关于信贷配给理论的文献综述[J].宁夏社会科学，2006(3):35-40.

[93]朱喜，马晓青，史清华.信誉、财富与农村信贷配给：欠发达地区不同农村金融机构的供给行为研究[J].财经研究，2009，54(8):4-14.

[94]刘慧悦.中国农村非正规金融演进研究[D].长春：吉林大学，2013.

[95]徐文奇.中国农村金融发展：影响机理与模式创新[D].天津：天津财经大学，2013.

[96]MISHKIN F S. Understanding financial crises：a developing country perspective[J]. NBER Working Paper，1996，No. 5600:1-65.

[97]MINSKY H P. Finance and Stability：the limits of capitalism[J]. Levy Economics Institute Working Paper，1993，No. 93:1-26.

[98]COLLINS M. "The downside was not worked out"：Economist Jagdish Bhagwati's thoughts on the current financial crisis[J]. Callaloo，2008，31(4):1028-1032.

[99]菲拉尔多，甘博文，霍夫曼，等.货币分析和全球金融周期：基于亚洲中央银行视角[J].金融市场研究，2015，35(4):37-47.

[100]周柏.关于银行系统性风险理论文献综述[J].企业家天地(下半月版)，2007(12):185-186.

[101]邓妮媚.民间金融与正规金融的合作分析[D].厦门：厦门大学，2008.

[102]彭芳春，耿康顺.中国民间金融与正规金融的交互作用研究[J].金融经济学研究，2011，15(1):110-119.

[103]张海波，覃宏辉.民间融资利率对银行风险定价影响的调查[J].武汉金融，2006，23(10):59-60.

[104]陈忠陆，林明光.温州民间资本借贷对银行信贷影响的研究[J].经济师，2008(8):59-60.

[105]罗亦丹.民间金融风险成因分析及防范对策探讨[J].现代营销，2018，14(9):53-54.

[106]张青庚.非正规金融对正规金融的影响及对策[J].上海金融，2006，27(1):

72－74.
[107]张希慧.我国民间金融发展研究[D].长沙:湖南大学,2009.
[108]卢斌,沈俊,姜祥林.不对称信息条件下民间金融风险传导效应分析[J].当代经济,2013,20(17):106－108.
[109]李源,杜知霖,宋亚兰.区域民间借贷风险传导:基于自激点过程方法的分析[J].南方金融,2015,36(11):47－52.
[110]谢坤.河南省民间金融对经济发展的影响研究[D].重庆:重庆师范大学,2016.
[111]陈硕.我国民间金融的发展现状及对策[J].中国流通经济,2014,28(8):100－105.
[112]李健,卫平.民间金融和全要素生产率增长[J].南开经济研究,2015(5):74－91.
[113]李健,卫平.金融发展与全要素生产率增长:基于中国省际面板数据的实证分析[J].经济理论与经济管理,2015(8):47－64.
[114]霍德明,刘思甸.中国宏观金融稳定性指标体系研究[J].山西财经大学学报,2009(10):16－25.
[115]何德旭,娄峰.中国金融稳定指数的构建及测度分析[J].中国社会科学院研究生院学报,2011(4):16－25.
[116]刘太琳,董中印.影子银行对我国金融稳定性影响的实证分析[J].山东财政大学学报,2014(2):14－20.
[117]李卉,付文林.区域金融市场风险及影响机制:基于财政视角的分析[J].经济与管理评论,2019(1):148－161.
[118]郭春风.房地产价格波动对金融稳定的影响研究[D].武汉:武汉理工大学,2013.
[119]王仁祥,郭春风.中国房地产价格波动影响金融稳定的实证研究[J].海南金融,2013(6):13－17.
[120]谭中明.区域金融风险预警系统的设计和综合度量[J].软科学,2010(3):73－78.
[121]谭中明,赖娴,陈芳.区域金融风险预警指标体系构建[J].商业经济研究,2010(1):134.

[122]沈悦,张珍.中国金融安全预警指标体系设置研究[J].山西财经大学学报,2007,29(10):89-94.

[123]田立,乔丽丽.我国金融稳定性指标体系的构建[J].经济研究导刊,2016(8):182-183.

[124]乔丽丽,田立.我国金融稳定性实证分析[J].对外经贸,2016(4):92-94.

[125]张东旭.影子银行规模对区域金融稳定性的影响:基于2005—2016年省级面板数据的实证分析[D].济南:山东大学,2018.

[126]惠康,任保平,钞小静.中国金融稳定性的测度[J].经济经纬,2010,27(1):145-149.

[127]ANSELIN L,BERA A K,FLORAX R,et al. Simple diagnostic tests for spatial dependence[J]. Regional Science and Urban Economics,2012,26(1):77-104.

[128]尹雷.最优金融结构:理论与实证研究[D].沈阳:辽宁大学,2014.

[129]李娟.中国银行业市场结构对金融稳定的影响研究[D].哈尔滨:哈尔滨商业大学,2012.

[130]杨明亮,戴娟.保险风险对金融稳定的影响及对策建议[J].中国金融,2006(2):38-39.

[131]郭晓莉.保险风险与金融稳定关系研究[D].重庆:重庆理工大学,2016.

[132]王道平.利率市场化、存款保险制度与系统性银行危机防范[J].金融研究,2016(1):50-65.

[133]LESAGE J P,PACE R K. Spatial econometric models[M]//FISCHER M M,GETISA. Handbook of Applied Spatial Analysis. Berlin Heidelberg: Springer,2010:355-396.

[134]LESAGE J P,PACE R K. Models for spatially dependent missing data[J]. Journal of Real Estate Finance and Economics,2004,29(2):233-254.

[135]ELHORST J P. Spatial econometrics: from cross-sectional data to spatial panels[M]. New York:Springer,2014.

[136]LESAGE J P,PACE R K. Introduction to spatial econometrics[M]. Boca Raton:CRC Press,2009.

[137]ZHAO X S,LYNCH J G,CHEN Q M. Reconsidering Baron and Kenny:

myths and truths about mediation analysis[J]. Journal of Consumer Research, 2010,37(2):197 - 206.

[138]方杰,温忠麟,张敏强,等. 基于结构方程模型的多重中介效应分析[J]. 心理科学,2014,37(3):735 - 741.

[139]SEO M H,SHIN Y. Dynamic panels with threshold effect and endogeneity [J]. Journal of Econometrics,2016,195(2):169 - 186.

[140] ARČABIĆ V, TICA J, LEE J, et al. Public debt and economic growth conundrum: nonlinearity and inter-temporal relationship [J]. Studies in Nonlinear Dynamics and Econometrics,2018,22(1):1 - 20.

[141]李世财. 民间金融监管困境与功能定位研究[J]. 学习与探索,2020(2):111 - 116.